青少年探索发现系列丛书
QINGSHAONIAN TANSUO FAXIAN XILIE CONGSHU

古墓寻奇之谜

全方位揭秘充斥重重谜团的帝王之墓

《青少年探索发现系列丛书》编委会◎编著

中国纺织出版社

内 容 提 要

古墓是人类祖先留下的宝贵财富，是人类悠久历史的见证，同样古墓也留给后世许多解不开的谜，充满了神秘的魔幻色彩，激发起人们无限的遐想。在探寻古墓的过程中了解逝去的高度文明，从中释疑古时精湛的科技，这是一个玄妙、神奇的探寻之旅，这里拥有真实的历史人物、历史事件以及百思不得其解的现象。让我们一起跨越遥远的时空，寻找神秘的线索，挖掘其中离奇的故事情节。

图书在版编目（CIP）数据

古墓寻奇之谜 /《青少年探索发现系列丛书》编委会编著. —北京：中国纺织出版社，2013.3（2023.4重印）

（青少年探索发现系列丛书）

ISBN 978-7-5064-9280-5

Ⅰ. ①古… Ⅱ. ①青… Ⅲ. ①墓葬（考古）—世界—青年读物②墓葬（考古）—世界—少年读物 Ⅳ. ①K868.8-49

中国版本图书馆CIP数据核字（2012）第240680号

策划编辑：高　剑　　　　责任编辑：胡　蓉

特约编辑：王倩颖　　　　责任印制：储志伟

中国纺织出版社出版发行

地址：北京东直门南大街6号　邮政编码：100027

邮购电话：010—64168110　传真：010—64168231

http：//www.c-textilep.com

E-mail：faxing@c-textilep.com

永清县晔盛亚胶印有限公司印刷　各地新华书店经销

2013年3月第1版　2023年4月第2次印刷

开本：710×1000　1/16　印张：13.5

字数：116千字　定价：42.00元

凡购本书，如有缺页、倒页、脱页，由本社图书营销中心调换

前 言

无论是浩瀚无穷的大千世界，还是广阔无垠的宇宙空间，都随着沧海桑田的历史变迁，给我们留下了许多百思不得其解的神秘现象。为揭开被历史掩埋的秘密，世界各地的考古学家深入沙漠、丛林、荒原甚至海底，一探究竟。

古墓是人类祖先留下的宝贵财富，它既见证了人类历史的变迁，又给后世留下了许多解不开的谜。《古墓寻奇之谜》收集了吉萨高地古墓之谜、秦始皇陵之谜、天国山古墓之谜、渝北清代古墓之谜、马王堆墓主千古之谜、长沙马王堆汉墓的神秘药水之谜、吴王阖闾墓之谜、九连墩古墓之谜、古墓侧室千年美酒之谜、武则天的墓碑无字之谜等一系列未解之谜，本书将引领青少年朋友们到世界各地的古墓，到考古现场去看看那里所发生的一切，一睹各式各样的古墓风采，了解迄今为止发现的最古老的人类脚印。与此同时，还可以帮助青少年朋友们了解逝去的远古文明，释疑古时精湛的技术，可以说这是一个玄妙、神奇的探寻之旅，因为这里拥有真实的历史人物、历史事件以及百思不得其解的神秘现象。让我们一起穿越遥远的时空，寻找神秘的线索，挖掘其中离奇的故事，并用最短的时间了解最多的关于古墓的知识，最终让自己变成一个知识丰富、头脑灵活、能力超群的万事通。对这种神奇和奥秘，如果我们要寻找真相，就必须鼓起勇气，勇往直前，去感受新的体验。

此书在编写过程中，参考了有关专家、学者的研究成果与相关资料，在这里一并向他们表示衷心的感谢。

编著者

2012 年 9 月

目 录

埃及古墓之谜

吉萨高地古墓之谜

震惊世界的预言

埃及考古文物局在吉萨高地挖掘的古墓跟以往所挖掘的不同。首先，这座古墓有 4600 多年的历史，并且保存完好，没有遭盗遭毁的任何迹象；其次，这座古墓是传说中埃及第四王朝三代国王大祭司们的下葬地。

虽然还无法证实墓主的真实身份，但如果真是国王大祭司墓葬的话，那么墓中一定藏有大量与第四王朝有关的历史资料。因为埃及古王朝的历史与文化当年只掌握在这些大祭司们的手中，而使用象形文字和解释历史是他们特有的权力。然而，最吸引人的要数古埃及的谚语和美国大预言家埃德加·凯西的预言。埃及古谚语说，每当在世纪之交的时候，埃及的一些神秘古墓就会被发现，在人类打开古墓的同时，也就打开了一个新的世纪。

埃德加·凯西是 20 世纪的大预言家，他自称接到过有关大金字塔和狮身人面像来历的超自然信息，还预言每当世纪之交的时候，有关金字塔或者

阶梯金字塔

进入金字塔

其他古信息就会被发现，他当时预言人类在19世纪末将发现胡夫金字塔的入口，后来被证实是准确的（胡夫金字塔的原始入口1881年被英国探险家霍华德·维斯打开）。埃德加更大胆的预言是：在狮身人面像的爪子底下或金字塔底下有一个规模浩大的地下“档案馆”，馆内里收藏着有关人类起源和智慧发源的原始资料！这个地下的“档案馆”被发现的时间将是20世纪90年代末！让人感到吃惊的是，美国和英国科学家最近用地震勘测法得到的结果表明：在狮身人面像的地底下确实存在一个规模庞大的地下建筑群！不过，埃及政府和文物部门禁止任何人接近这块“禁地”。

狮身人面像底下的秘密

在狮身人面像的底下，确实如同预言家所说的那样，有一个巨大的地下宫殿！

早在这之前，许多专家和学者就认为，狮身人面像是12000年前的远古文明留下的。在12000年前，古埃及人在狮身人面像底下留下了许多记录，希望后人找到之后可以对史前

狮身人面像下面藏着巨大的秘密

狮身人面像下的秘密

时代有更多的认识。美国著名的预言家曾经说过，如果人类在狮身人面像底下找到了记录，那么人类就可以知道我们是谁，生命是怎么回事。

第一次在世人面前亮相的“奥斯里斯”地下神殿共有3层，真正的神殿是在地下深处的第三层。最神奇的是第三层曾经被水淹过。神殿里有4根巨大的神柱，围着一个被水淹着的石棺。虽说这里没有让人看到预言家所说的关于人类的秘密，但如此宏大的地下建筑却让人们叹为观止。而且地下工程的挖掘工作还远远没有完成，也许那里才隐藏着真正的秘密。

建造大金字塔背后的传奇故事

金字塔的真正作用

许多深信胡夫大金字塔是胡夫王墓地的人认为，国王墓室当然就是胡夫王的棺室，而剩余的石棺当然属于他。至于木乃伊和陪葬品则很早以前就被盗了。

此外，也有人认为胡夫王棺木并不在国王墓地，而是在他处。持有这种说法的最具代表性人物是希罗多德。他说："挖开金字塔屹立处的山丘半山腰，会发现一座地下室。这是国王为自己所建造的墓室，透过沟渠引入尼罗河的河水，以

金字塔

使墓室像座孤岛一样，不受外界侵扰。”

除此之外，还有一种说法是，金字塔并非是国王的墓，而是为其他目的而建造的。这种说法自8世纪阿拉伯的史学家巴陆基提出洪水避难说以来，至今仍为许多人所相信。

金字塔远眺

再者，还有另一较传统的说法，那就是约300年前，法国的德·夏鲁塞所提出的大金字塔日时计说。他注意到照射在大金字塔各斜面的太阳影子会随季节的更替而有微妙的变化。经过1年的细心观察，他终于查出在北侧的斜面上，分为可形成影子和不能形成影子的季节，而其分界是在3月1日和10月14日。而这两日又正值播种各种农作物的时期，因此，他才发表大金字塔是用来通知耕种、用之历法的日时计之说。

除上述之外，还有麦克罗库敦提出的天文学说。他是依据大金字塔内部构造的观点，导引出了另一种更大胆的假设。据他所言，以前的大金字塔的高度只有现今的1/3，其内的大长廊和下降长廊的上端都是露在外部的。大长廊向阿尔法星方位倾斜。而人们则是从长廊底部，透过隧道，观测这些星星。

阿尔法星是当时的北极星，而天狼星则是预知尼罗河是否会泛滥的重要星球，但当地球转动，星球位置一改变，长廊就会丧失其天文台的作用。因此，胡夫王下令改变计划，改将自己的金字塔建造在此处。因为像天狼星如此明亮的星星，即使是透过长廊一样的隧道，也应看得十分清楚。

有不少人士支持麦克罗库敦的说法，但现代的某位专门研究金字塔的学者则反对说："若认为他们只是观测一颗星星，就建造高达 40 米的巨石观测台，这种想法实在是有违常理。"

小事故揭开了一个千古之谜

1990 年，埃及首都开罗郊外，在吉萨三大金字塔附近一座覆满黄沙的山丘上，一名游客正兴致盎然地策马奔驰着，突然马蹄陷进了一个坑里，游客连人带马滑倒在地。就是这个看似不起眼的小事故，使考古学者最终揭开了一个千古之谜。

存于大英博物馆的法老半身像

原来，这个沙丘下面是一片古老的墓地，这片墓地都是用泥土和石块建成的小墓。其中有些墓状似蜂窝；有些则呈长方形，是从岩壁开凿出来或者用石灰岩块建成的，墓上装饰着象形文字；还有些则只是在地面上隆起的小土堆，顶上和侧边嵌着花岗岩和石灰岩碎块。

享誉世界的埃及考古专家哈瓦斯带领了一组发掘人员来到这里，"多少年来我一直想了解一件事，"哈瓦斯说，"每当我看着金字塔的时候，心里常常会想到当时的那些建筑工人，他们都被埋在哪里？在这伟大的工程背后，究竟是哪些男男女女的心血？拜这些坟墓之赐，让我们得到了一些线索。”

哈瓦斯表示，这些金字塔其实并不是由奴隶或外国人所建。他说：“奴隶兴建金字塔的观念始于希罗多德。”

希罗多德是古希腊的史学家和探险家。他曾经在公元前450年左右造访埃及，也就是这些金字塔建成之后大约2000年。他听到的说法是，为了兴建法老胡夫的大金字塔，当时有10万人被强征为奴。

通过10多年的挖掘和研究，哈瓦斯发现这一片考古现场就是在建造金字塔的过程中死亡劳工的墓地遗址，再加上考古学家马克·雷涅在附近挖出一座似乎是古代劳工居住的城市，使得许多考古学家的怀疑得到了证实：希罗多德的消息有误。金字塔是由埃及的老百姓建造的，其中有些人是以服役的方式参与工作，会定期轮调。有些则是全职的工人。哈瓦斯和雷涅估计，三大金字塔及其周边结构所需的500万立方米的石材，从开采、运送到加工，大概只动用了2万到3万名工人。这几位法老都是一登基就开始兴建自己的金字塔建筑群（包括金字塔、神庙、坟墓），直到驾崩为止，

生活困苦的埃及工人

考古学家在研究埃及金字塔的建造

以求死后超度为神。因此，吉萨这几座分别于第四王朝的胡夫、哈夫拉和门卡乌拉 3 位国王当政期间（约公元前 2550 年～公元前 2470 年）兴建而成的雄伟建筑，前后大约花了 80 年的时间。

金字塔不仅是因为它的巨大，还因其造型美观，而耗费了建筑工人大量的心血。它们是由一块块的石灰岩和花岗岩筑成，每块岩石的重量轻则近 1 吨，重则超过 40 吨，全部都是由工人们亲手切割、搬运、安置上去的。其中任何一个阶段，古埃及人都未曾使用复杂的机械，也没有借助兽力（或者外星生物）。他们完成金字塔的核心结构（大致上就是我们今天看到的样子）之后，会在表面铺上一层精准密合的石块，最后再予以磨亮，让整座金字塔如宝石般在阳光下闪闪发光。

“显然，这些工人在建造金字塔的时候非常用心，而且他们对这份工作还很自豪。因为对他们来说，这不只是在给国王筑墓，同时也是在建造埃及。而且我们在墓穴里发现死者的随葬品中有大量测量、计算和加工石器的工具，这些表明死者就是金字塔的建造者，而且他们不可能是奴隶，因为奴隶死后不会被安葬。”哈瓦斯肯定地说。

跟着考古证据了解金字塔建造工人的工作模式

约 200 年前，许多国家的考古学家就陆续来到吉萨进行发掘，且很自然地将焦点放在了法老和王后的金字塔、相关庙宇、陵墓以及人面狮身像上。这些古典的雄伟建筑全部建于古王国的第四王朝时期，此时的埃及名副其实地处于艺术与建筑的黄金时代。可是，尽管他们留下如此雄伟精美的建筑，但对于第四王朝这3位主要法老的生平，世人却知之甚少。即使这个时期的埃及人早就开始以莎草纸记录下王室的事迹，但如今这些纸卷已不复存在了。研究人员对于胡夫金字塔的建造者胡夫王的长相只有模糊的概念，仅能根据在胡夫金字塔内获得的一尊2.5厘米高、上面刻有胡夫名字的象牙小雕像来辨认，这也是迄今为止所找到的唯一一尊胡夫雕像。而为统治阶层卖命建造陵墓的老百姓，我们对他们所知更少。

有几条线索可以让人稍微了解这群劳动者，其中之一就是位于门卡乌拉金字塔正下方的石灰岩采石场。在采石之前，工人们先用石镐和铜凿子把石块凿开，然后挖条槽，把木杆插进去，就可以将整块20吨重的岩石撬起来。每块岩石在采取之前，都会先用红漆画出轮廓。红漆可能是框住某人名字的一种象形符号，但也可能是负责采下那块岩石的工作小组的标记。考古学家在金字塔内也曾发现类似代表小组组名的标记。例如，在胡夫大金字塔最高的一间墓室里，有一群工人在两块石头上画了几个象形文字，意思是“胡夫之友”。另外在门卡乌拉的寝庙，也有一群人留下了标记，意为“门卡乌拉的醉汉们”。

如果考虑这几个小组名，就会发现这些人不像是奴隶。埃及国王之所以把工人分成互相竞争的小组，目的带动工作士气。因为毕竟工人们负责的大都不是什么有趣的工作，头上顶着大太阳，用一把石镐或铜凿子凿下这些石块，然后又推又拉的，把它堆成匪夷所思的金字塔。是什么让他们如此卖力工作？他们的动力又是什么？因为这个时期的莎草纸文献实在太少了，所以只能说，他们有强烈的宗教信仰，深信为国王建墓不但可以确保国王的重生，也可以为他们自己和整个埃及带来重生。

为了建造如此雄伟的建筑，埃及人需要一批有高度组织化的工作团队。从坟墓上的铭文，

是谁建造了这么完美的金字塔

为了让这样一个团队的运作维持在最高速度，还需要一批后援部队，比如像面包师傅、酿酒者、屠夫等，但他们也全都要有地方吃饭睡觉。换句话说，需要一座城市。

在哈瓦斯考古团队发掘的墓地下方几百米处有一片开阔的沙质平地，在这里挖出了几条经过仔细规划、铺有路面的街道和一些精心设计过的建筑，里面分隔成几个小房间，外部有廊道相连。这种棋盘状格局的城市在当时很不寻常。

被挖掘的作业区有几栋房子是烘焙坊，还有几栋是酿酒的地方。但还是不清楚其整体目的是什么——这里究竟是纯粹用来喂饱工人的地方，还是他们用这种房子（在房子里发现了非常多的鱼骨）准备供奉神庙的祭品？同样的，仍旧没有莎草纸文献、墙上铭文或任何古老的涂鸦可以解答这个问题。有关这个遗址唯一的文字线索，是一些用来封住酒罐、

还有胡夫金字塔与门卡乌拉寝庙内墙上的工作守则可以看出，当时的埃及人已经能够以类似现代人组织团的方式来分配工作。每一个像金字塔这样的工程，都配有一批工作人员，每一群人专门负责金字塔建筑群中的一个部分。一群负责铺设室内的花岗岩屋顶，其他几群负责盖墓室的隔墙。每一批工人分成四五个较小的单位，埃及学家把这种单位称为“队”。每个“队”都有自己的名称，“队”之下再细分为数个由10～20人组成的工作组。

他们必须有很强的组织性，才能以最快的速度盖好这些金字塔。经计算，若要在20年内盖好一座金字塔，工人必须每两分钟就安置好一块石头。

油罐口或谷袋开口的封泥的小碎片，封泥上有一些印记。

这种印记是用刻有符号的图章滚过一块湿黏土压出来的，压完就成了一块封泥。装罐之后，比方说装的是葡萄酒，他们会先在罐口盖一块布，然后用绳子绑紧，最后再加上湿软的封泥。封泥就像商品上的小标签，封好的货物是最接近于货币的东西。封泥同时也划分了权责，表明封装的人是谁，有权开封的人又是谁。

生活困苦的工人

古王国时期的埃及是一块难得的人间福地，四周被沙漠围绕着，却拥有肥沃的土壤，人民丰衣足食、安居乐业。只有这样一个和平稳定的国度，方能有充足的闲暇和财富孕育出一种注重死后生活的文化。尽管如此，埃及人还是必须面对病痛、衰老和死亡，而且对劳动者而言，生活肯定是困苦的。这一点从他们的骸骨就可以看得出来。

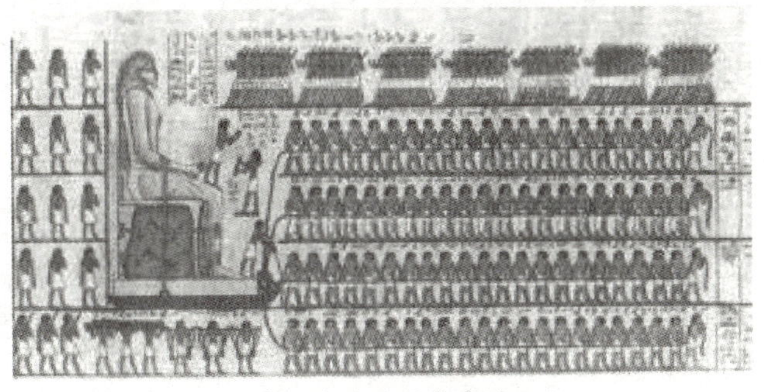

生活在社会底层的金字塔工人

骨质人类学家札·默哈梅德·萨瑞·艾尔说：“到目前为止我检视过175具骸骨，一半是男人，一半是女人，几乎每个人都有关节炎。他们腰椎严重变形，这正是体力劳动者才会出现的问题。这本来就在我的意料之中，但令我吃惊的是，连女人也有这样的症状。”

尽管没有任何记录或雕刻显示女性以滑橇来推拉石块或雕像（已知男性会从事这类工作），但从当时女性骨骼的受损程度来看，她们的确参与了这些工作。如果她们只是纯粹做家事，或是用头部来顶重物，骨骼不会伤得这么严重。

有些骸骨能充分证明，工人们从事的是极为吃力的工作，但他们能受到很好的对待，只不过饮食可能并不十分丰富。有些人贫血，而且大部分工人吃的肉很少。可奇怪的是，曾挖掘出大量被宰杀的牛、山羊的骨头，这个数量足以分配给数千名工人每天食用而有余。

这些被宰杀的牛羊是否只供神庙祭祀之用？这项存在于骸骨、饮食与肉的数量三者之间的矛盾仍有待了解。但工人们的确受到了良好的医疗照顾，而奴隶是不可能得到这种待遇的。

其中，有一具骸骨手臂明显受过重伤，大夫将他手肘以下部位整个切除，伤口后来痊愈了；另一名腿部动过类似截肢手术。两个人事后都恢复健康，继续活了许多年。所以的确有人在负责照顾这些工人。

尽管如此，工人们的寿命并不长。平均而言，男子的寿命是40～45岁，女人是30～35岁。“女人寿命较短的原因大概和难产有关。”萨瑞·艾尔表示，“但是以我们今天的标准来看，能活到称得上是长寿的人，真是少之又少。”

不过他们还是希望长命百岁。埃及学家表示，古埃及人热爱生命，他们精巧的丧葬作业无非就是为了确保让生命永不止息。

法老的诅咒之谜

菲利普·范得贝尔格写了一部有关埃及古代陵墓的书。书中谈到了“法老的毒咒”这一令人毛骨悚然的怪事。大意是说：谁要胆大包天闯入法老安息的地方去扰乱他们的安宁，他最终就必然会受到法老的一顿毒咒而毙命。凡是与埃及古代统治者陵墓有过接触的人，不论他们采取什么方式，或者是出于什么动机。换句话说，不论他们是为了科学考察，还是想靠盗墓来发财致富，法老王对他们的报复总是一视同仁的。

葬于埃及古代陵墓里的法老，他们的尸体早已成为木乃伊，显然，他们是不会杀人的。然而确实有许多考古学家与法老的陵墓接触过以后，竟染上了奇特的病症而死亡。

开罗博物馆馆长盖米尔·梅赫来尔先生不相信这种说法，他说：“我一生与埃及古坟以及木乃伊打过多次交道。我不是还健在吗?”

就在那次谈话以后还不到四个星期，梅赫来尔就突然命归西天，时年不足52岁。据医生判断，他是因心脏病而死的。在他去世的同一天曾有一队工人来到开罗博物馆，以便把一批珍贵的文物打包装箱。这批文物正是从著名埃及法老图坦卡蒙的陵墓中出土的。其中有一只重2.5磅的金面罩。

梅赫来尔先生的暴卒要不是因为下述情况，恐怕并不一定会引起人们的注意。

这一情况就是：后来发现至少有40名考古学家突然死亡的原因均与图坦卡蒙陵墓有

所牵涉。这样一来，著名的考古学家卡莫洛尔爵士于 1923 年突然亡故这件事重新勾起人们的好奇心。“法老的毒咒”这句话就是从那时开始在考古学界流传的。

卡莫洛尔和他的朋友卡尔特探索图坦卡蒙陵墓已有 7 年了，但直到 1922 年方才获得成功。在他的率领之下，一支考古队到达了墓中的阶梯口，阶梯曲折而下通往一道厚墙中的一扇门，墙上是一幅画着一只豺狼和九个囚犯的图画。

打开门，沿着长廊往前走 10 米，这些考察人员又遇见一扇门，这扇门通往一间十分宽敞的房间，里面有不少稀世珍宝。但是使他们大惊失色的却是刻在一块泥塑板上的字：“死亡将张大翅膀扼杀敢于扰乱法老安宁的任何人。”

古埃及法老像

在另外一尊神像上，又见到了这样一段文字：“与沙漠的酷热相配合而迫使盗墓贼逃之夭夭并专司保卫图坦卡蒙陵墓之职者正是我！”

1923 年 2 月，卡莫洛尔着手开掘图坦卡蒙法老的陵墓。而时过不久，便从开罗传来了关于卡莫洛尔突患重病而亡的消息。他的姐姐在事后的回忆录中这样写道：“死以前，他发着高烧连声叫嚷：‘我听见了他呼唤的声音，我要随他而去了。’”从那时以后，“法老的毒咒”这一传说就不胫而走了。人们的恐慌心理达到了谈虎色变的地步。当初，曾经帮着推倒墓里一道主要墙壁的莫瑟先生由于染上了一种近于神经错乱的莫名其妙的病症而毙命。随后相继死去的还有美国大富豪约瑟夫·伍尔夫以及首次对木乃伊进行透视的科学家道格拉斯·里德。截至 1923 年年底，参与埃及国王陵墓发掘工程的人员中，就有 22 人莫名其妙地暴病而死。

上述遭到法老王报复的例子并非是孤立的。1971 年，在开罗以南约 30 公里的地方，搜寻古墓而未获成功的考古学家埃默里先生突然全身瘫痪，随即丧命。此外，来自斯特拉斯堡的杜米切恩教授，也因钻进刚发掘的陵墓和庙宇中去临摹铭文，后来遭到类似的厄运。人们在想：这些曾经与埃及古代统治者的陵墓打过交道的人，他们的暴卒是什么原因呢?

范得贝尔格在其著作中试图以生物学上的缘由来解释这种现象。开罗的一位医学教授伊泽廷·塔豪于 1963 年声称，根据他对博物馆的许多考古学家以及工作人员进行定期体检的结果，发现所有受过体检者的机体里均存在一种能引起呼吸道发炎和使人发高烧的病毒。其中有一种病毒的生命力特别顽强，竟能在木乃伊中生存达 4000 年之久。

也有许多科学家偏向于这样一种看法，即埃及古代的文化很可能利用有剧毒的害虫及毒物作为一种特殊的武器，用以保护埃及统治者的陵墓，使其免受暴力的侵犯。可以用来作为这一假设的例证是，1956 年 10 月，地理学家怀尔斯在罗得西亚深山中挖掘卡里比陵墓时，有一群蝙蝠向他进攻。他被这群蝙蝠咬过以后，染上了一种前所未闻的重病，多亏现代医疗技术发达，他才幸免于难。

古埃及绝代美后的木乃伊

英国女考古学家乔安娜·弗莱彻对外宣称发现了古埃及绝代美后妮菲蒂蒂的木乃伊，并成功恢复了妮菲蒂蒂真容。然而，埃及最高文物委员会秘书长扎希·哈瓦斯称，英国古埃及考古专家日前声称发现的古埃及美后木乃伊很可能是一位男性，而绝非是充满传奇色彩的古埃及美后妮菲蒂蒂。

埃及最有权势的女人

英国约克大学木乃伊鉴定专家乔安娜·弗莱彻曾宣布，她所率领的考古探险小组从埃及卢克索镇帝王谷的一处墓穴中发掘了几具无名木乃伊，其中有一具遗体“极有可能”是古

埃及艳后妮菲蒂蒂

克丽奥佩特拉

埃及历史上最惊艳的美后——妮菲蒂蒂。

古埃及传奇美后妮菲蒂蒂以美艳绝伦闻名于世，在埃及历史上的名气仅次于“埃及艳后”克丽奥佩特拉。妮菲蒂蒂生活在距今3000多年以前，是法老王阿蒙赫特普四世的妻子，也是年幼国王图坦卡穆姆的继母，她和法老王阿蒙赫特普共同治国，一直被视为古埃及最有权势的女人。

木乃伊性别之谜

木乃伊性别有争议

然而，埃及最高文物委员会秘书长哈瓦斯对英国考古学家的惊世发现表示怀疑，尤其是对这具木乃伊的性别产生了很多疑问。

哈瓦斯从事了35年的古埃及考古研究工作，他对这具木乃伊进行了鉴定，并说：“我敢肯定这具木乃伊绝对不是女性。”

此前，英国约克大学探险队队长布罗斯韦尔向埃及最高文物委员会递交了一份关于这具木乃伊的研究报告，报告认为，由于这具木乃伊有两个瘪掉的乳房特征，没有男性生殖器的物证，两耳被刺了孔，并且骨骼检测也证明它是女性。因此，英国专家断定它应该是埃及美后妮菲蒂蒂。

哈瓦斯反驳说，木乃伊的两耳穿孔在古埃及是很普遍的事，男女都有可能，但各个时期存在着很大的差别。在妮菲蒂蒂所处的时代，穿耳孔的大部分都是男性。哈瓦斯说：“所有皇后都把耳环戴在假发上，而不是戴在耳垂上，而与妮菲蒂蒂同时发现的男性木乃

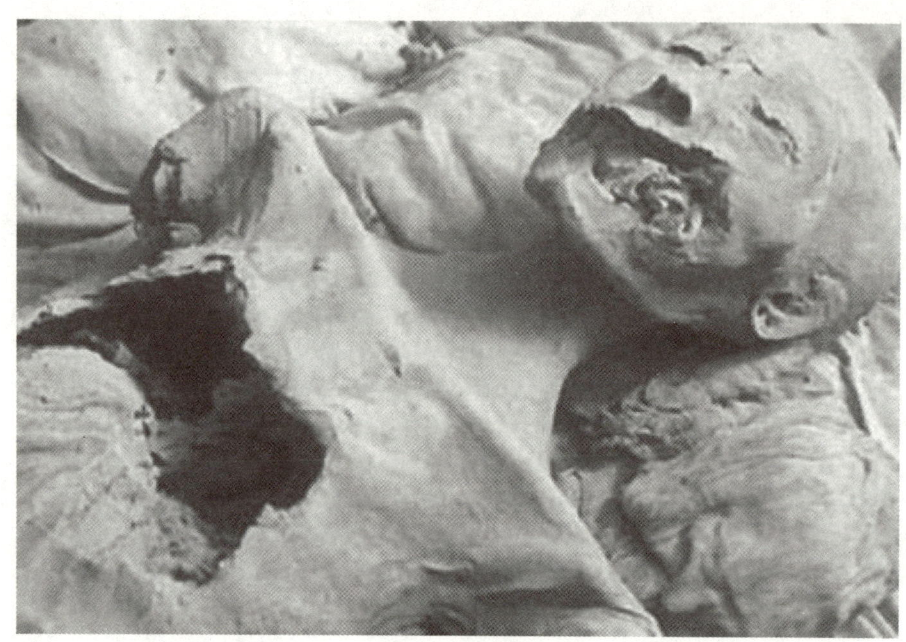

被发现的木乃伊

伊耳朵上都穿了孔。由于妮菲蒂蒂曾经生过6个孩子，她的骨盆应该很宽，但这个木乃伊的臀部却非常窄小，根本没有任何生过孩子的迹象。”

千年碑铭披露一场血腥之战

英国和埃及考古学家们在埃及一座古墓中发现了一块3500年前的石碑，在对上面22行神秘的象形文字碑铭进行研究后，考古学家们惊奇地发现，这段神秘碑铭记录的竟是一段从未听说过的古埃及历史——大约在公元前16世纪左右，当时古埃及的邻国库什王国（今苏丹境内）曾对埃及发动过一场史无前例的大举入侵，并差点儿导致埃及亡国！英国大不列颠博物馆的专家们认为，新碑铭的发现具有重要意义，它将改写古埃及的历史。

碑铭记载一场耻辱之战

据碑铭记载，公元前16世纪在埃及发生了一次野蛮的外族入侵。与埃及南部毗邻的库什王国军队及其盟军大举北上入侵埃及，之后不久埃及就进入了“新王国时期”。

戴维斯表示：“此前，考古学家们曾多次在位于当时库什王国首都凯尔玛（现苏丹境内）的王室墓穴中发现了大量埃及的珍宝，其中包括雕像、石柱和一个精心打造的石膏容器。一直以来学者们都疑惑不解，为何这些东西会出现在埃及以外的地方呢？现在清楚了，它们全都是战利品，是库什国王借此表明自己已经征服埃及的一种象征。据考证，当时库什王国总共有四任国王，他们每个人都从埃及掠夺了大量的珍宝。”

刻意回避历史

专家们相信，此前之所以从未从古埃及的文字中发现这

神秘石碑

段惊人历史，很可能是由于几近亡国的惨败所带来的“奇耻大辱”，使古埃及人下意识地在文字记载中对那段历史只字不提，刻意忘却。以至于根据第十七王朝的一些记载，后世考古学家们还一直认为当时的库什王国不过是一个弱小邻国。戴维斯最后道：“对于埃及考古史来说，这绝对是一个划时代的伟大发现，因为它将使古埃及的历史被改写。”

木乃伊制作之谜

自然形成的木乃伊

印加人山地木乃伊

印加人将童男童女供奉给神灵，但是安第斯山脉的干冷空气却将这些童男童女的身体冷冻了起来。这些木乃伊被厚厚的布料捆绑着，成为印加人的珍贵遗存。从这些木乃伊的身上可以了解许多秘密，尤其是他们的血液仍然凝结在血管中，这是极其罕见的发现。

肥皂女尸

这具无名木乃伊陈列于美国宾夕法尼亚州费城的马特医学博物馆内。它发现于 100 年前，当时费城正在迁移一个古老的墓地。土壤、温度和湿度等条件正好适宜将她的尸体变成蜡尸。

在合适的条件下，如果死者是一个过于肥胖的人，那么尸体中的脂肪就会与水结合，产生脂肪酸，这就是尸蜡的主要成分。这种物质使水从周围组织中流失，使尸体脱水并阻碍细菌的生长，这种过程就像埃及木乃伊的保存一样，唯一不同的就是肥皂女尸外表会产生脂肪酸。

肥皂女尸曾于 1987 年接受过 X 光透视，结果显示她的衣服上别着长别针。这些别针产于 1824 年前，因此可推断她是在这之后死亡的。

人工制成的木乃伊

泥木乃伊

大约 6000 年前，居住在智利海岸附近的秦科罗人将死去的族人制成木乃伊——他们的木乃伊制作历史比图坦卡蒙还要早 2000 年。

秦科罗人取出死者的内脏，肢解尸体并除去大部分肌肉。随后，他们用植物纤维填充尸体，并在尸体的表面裹上厚厚的黑泥，因此这些木乃伊也被称为黑色木乃伊。

经过整整 3000 年的演变，秦科罗人的木乃伊制作技术越来越成熟，他们甚至还在木乃

埃及木乃伊的制造过程

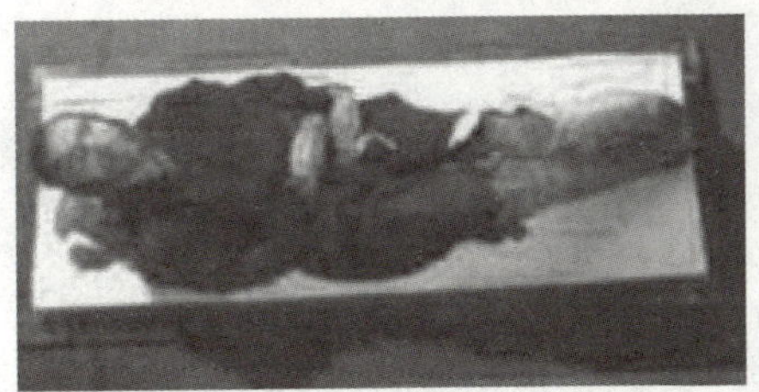
木乃伊的双手被绑起来，以防滑落

伊的脸部绘出各种精美的图案。到最后，他们用红色的泥土包裹尸体。在这之后约3000年，当地人简化了制作过程，开始只用红色的泥土包裹尸体。

埃及木乃伊

埃及木乃伊是世界上最著名的木乃伊。制作木乃伊时，先把它们的大脑自鼻腔中取出，内脏器官则从腹部的小切口中摘除，存放在礼葬瓮中以永久保存。

埃及人一般用180千克的含盐混合物包裹尸体，这种混合物名为泡碱，可用作防腐剂，以保持尸体干燥与减少气味。他们还会在尸体的心脏部位放上一块护身符，心脏是尸体中唯一保留的内脏器官。随后，他们用细亚麻布包裹木乃伊，并将其浑身饰满祷文。

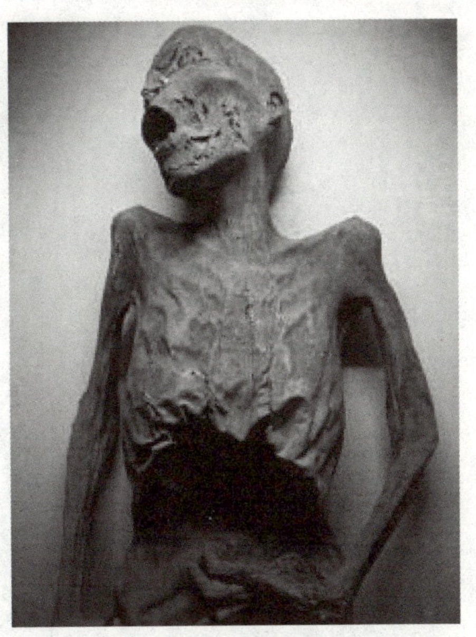
中国的木乃伊

中国木乃伊

大约500年前，中国发明了用福尔马林保存尸体的方法，这种方法好处在于不用事先取出易腐烂的内脏器官与大脑，这种木乃伊的制作技巧迄今仍是未解之谜。

在中国南部的桂林，一具保存完好的木乃伊仍然留有指甲，还有鼻塞和耳塞，这说明尸体内仍存有体液。

马王堆女尸

就某些方面而言，马王堆

马王堆女尸头像复原图

女尸是世界上保存最完好的古代木乃伊。这具女尸死于大约2000 年前，她的四肢仍能弯曲自如，肌肤的触感也相当柔软。

1972 年，中国科学院考古所和湖南博物馆考古人员在湖南省会长沙附近挖出两个巨大的坟堆。在其中一个豪华的地下坟墓内，存放着辛追夫人的干尸。她是西汉初期长沙国丞相车大侯利苍的妻子。这具木乃伊非常柔软，因此考古人员能进行近乎完全正常的尸体解剖。车大侯夫人死时大约50 岁，体态相当丰腴，导致她死亡的原因，很可能是心脏病发作。

名人木乃伊

伊娃·贝隆

伊娃·贝隆，阿根廷前第一夫人，她的遗体是世界上保存最完好的木乃伊之一。

伊娃·贝隆于 1952 年 7 月死于癌症。她生前吩咐自己的指甲师在她死后用透明的清漆替代她的红色指甲油。伊娃·贝隆死后数百万痛不欲生的阿根廷人瞻仰了她的遗体，随后尸体被送往劳动部。防腐大师佩德罗阿拉博士将她的尸体浸入醋酸盐和硝酸盐溶液中，然后将蜡慢慢注入她的体内，贝隆夫人从此成为有史以来最独特的木乃伊。

1955 年，胡安·贝隆总统被推翻后逃之夭夭，丢下了妻子的木乃伊。新政权割掉了木乃伊的左耳和指尖（表面上是为了检查指纹，其实更可能是为了留作纪念）以确定她是否是蜡人。之后阿根廷

伊娃·贝隆像

用船将木乃伊运往意大利，将她埋葬在米兰公墓内，墓碑上写着“玛丽亚·麦姬”。

由于阿根廷人强烈要求能继续瞻仰她的遗体，因此伊娃·贝隆的尸体在 15 年后又被挖了出来。当棺材打开时，伊娃·贝隆的尸体仍保存得非常完好，挖墓人惊慌地大叫：“奇迹呀！奇迹呀！”然后吓得仓皇逃走。伊娃·贝隆的木乃伊后来被运回到了阿根廷，安放在她丈夫的身边供国民瞻仰。她的遗体仍存放在原来的银制水晶盖棺材中，看上去就和几十年前一模一样。最后，伊娃·贝隆被葬在雷科莱塔公墓中的杜瓦蒂家族墓地，深埋于 7.3 米厚的混凝土下。

秦始皇陵之谜

秦始皇陵墓千古之谜

如果能破解秦始皇陵地宫的秘密，那将是有史以来最大的考古发现之一。

40 余年来，关于秦始皇陵的考古工作从未停止过，虽然有发现，但是陵园最大的秘密——地宫之谜，仍然深藏在地下，等待后人发掘。

秦始皇陵是秦王嬴政的陵墓，位于陕西省临潼县城东约 5 公里处的骊山北麓，是全国重点文物保护单位。1987 年，联合国教科文组织将秦陵（含兵马俑）列入世界文化遗产保护名录。

秦始皇是中国第一位统一全国的封建帝王。在中国历代帝王陵墓中，秦始皇陵以其高大雄伟的气势、埋藏丰富而闻名遐迩。秦始皇陵的修建，前后共用了 38 年时间，动用民力最多时达 70 余万人。

公元前 221 年，秦始皇统一中国，建立了当时世界上最强大的国家。这位生前骄横跋

秦始皇像

近看秦陵兵马俑

扈、性情不定的帝王，死后留下的陵墓依然扑朔迷离，成为中国考古史上最重要、最难破解的谜团之一。

揭开千年尘封的秦始皇陵

对秦始皇陵园第一次全面的考古勘察始于 1962 年，考古人员绘制出了陵园第一张平面布局图，历经两千多年风雨沧桑的秦始皇陵园，第一次清楚地露出它的轮廓。经探测，整个陵园以封土堆为中心各向四方延伸，东西长约 7.5 公里，南北宽 8 公里，占地面积达 56.25 平方公里，相当于近 78 个故宫大小，是中国历史上规模最大的陵园。面积之大在世界上也属罕见，因此引起考古界的轰动。

在陵墓中心区，考古人员勘测出地下有保存完好的建筑遗址，布局长方形，有内、外两城，封土位置位于内城的南半部，近似方形，占地面积近 25 万平方米。

封土岭之谜

巨大的封土是用一层层黄土夯筑而成，历经 2000 多年，夯土依然细密结实，可见工程劳作之艰辛。

有一种说法认为，秦始皇正好活了 50 岁，因此他决定将陵园封土修筑 50 丈高，即现在的 115 米，事实是不是如此呢?

1906年，日本学者足立喜六来到秦始皇陵，在实地测量后认为封土高度应为76米。1917年，一位叫维克托·萨加伦的法国学者测得封土高度约为46米。

始皇陵封土高度究竟是多少？袁仲一先生是参加兵马俑发掘的专家之一，多年来一直参与秦始皇陵的考察研究工作。他认为，秦始皇陵整个地形像一条鱼脊，从不同角度测量就会得出截然不同的数值。

秦始皇生前穷奢豪华，死后巨大的封土也能显示出他的尊威。封土还有另一个重要作用，就是保护下面的地宫。

秦始皇陵考古队在封土南部向下约十六七米处发现一层厚厚的石层，最厚处竟有三四米，这是文献资料中从来没有记载过的。这处厚石层会不会是地宫的顶盖？考古队决定在封土岭上进行有针对性的探测。

其实，从1962年以来，对秦始皇陵的考古勘察工作一直没有中断，由于主要采用取地下土样来进行分析，需要花费大量精力，因此要进一步查明封土之下的情况还需相当长的时间。

经探测，考古队确定了城墙的大概位置。通过发掘，发现内城墙宽3.5米，城墙上的建筑可作为推测地宫建筑的依据。考古队在封土附近探测出一个长方形宫墙遗迹，南北长460米，东西宽392米。经考证，宫墙之内就是地宫在地面的开口面积。

解开皇陵园布局之谜

秦始皇陵园就像是一座设计规整、建筑宏伟的都城，整个陵园布局一目了然，可分为4个层次，即以地下宫城（地宫）为核心部位，其他依次为内城、外城和外城以外，各个主次分明。

自20世纪70年代秦兵马俑发现以来，几代考古工作者在秦始皇陵园内外陆续勘探发掘了数百万平方米的建筑基址，600余处各种陪葬坑、陪葬墓及修陵人墓，发掘出5万多件各类文物。但这个规模空前的陵园仍留下许多谜团。

秦始皇陵园，又名骊山园，南高北低，南北落差达85米，是一座南北大于东西的长方形陵园。陵园的城垣由内外两重构成，两座城垣都是呈南北向的长方形，相互套合，呈南北长东西窄的“回”字形，其城墙总长约12公里，与西安的明代城墙长度相近。

陵园核心的核心是地宫。秦陵地宫位于内城南半部的封土之下，相当于秦始皇生前的“宫城”。对此，《史记》记载其“以水银为百川江河大海，机相灌输。上具天文，下具地理”。

其次是内城。内城是秦陵园的重点建设区，内城垣内的地面地下设施最多，尤其是内城的南半部较为密集。地下宫城、寝殿及车马仪仗、仓储等众多的陪葬坑均在内城的南半部。内城北半部的西区是便殿附属建筑区，东区是后宫人员的陪葬墓区。这种布局清晰地说明：内城南部为重点区，北部为附属区。而南北两部城区的设施，均属于宫廷的范围。

再次是外城，即内外城垣之间的外廓城部分。根据考古资料，其西区的地面和地下设施最为密集。由南向北依次分布着：曲尺形大型马厩坑、31座珍禽异兽坑、48座后宫人员的陪葬墓、3组四合院式的园寺吏舍建筑基址。东区的南部有一大型陪葬坑，坑内出土了大批石铠甲及少数车马器，而“百戏俑”坑则在其南侧不远处。其南、北两区目前尚未发现遗迹、遗物。这种布局说明外廓城的西区是重点区，其内涵为象征京城内的厩苑、囿苑及园寺吏舍。其与内城相比，则显然居于附属地位。

最后是外城垣之外的地区。其东边除了众所周知的秦兵马俑坑外，还有98座小型马厩坑及众多陪葬墓。其西边则有3处修陵人员的墓地、砖瓦窑址和打石场等。其北边藏有禽兽肢体及鳖的仓储坑、陵园督造人员的官署及郦邑建筑遗址。其南边靠近骊山则有一宽约40米的防洪堤。

马厩坑

经过 2000 余年的历史风雨，除了封土和南部的内城垣仍有局部残留之外，秦始皇陵园的建筑几近荡然无存。经对东边的内外城门及其附属遗址和其他几处城门基址、城垣等进行勘探发掘，发现东西两边的内外城门皆为院落式建筑，并伴有三处阙式建筑。而尤其重要的是，陵园的内城垣是内外两面皆有回廊式城垣，其四角也各有角楼。

由于秦始皇时代中国社会正处于大转型时期，秦始皇陵的过渡性与复杂性常常出人意料。秦始皇陵不仅在中国陵寝史上首设陵邑、建寝殿便殿，而且首开大规模修建陪葬坑之风气。不过，秦始皇陵也与秦国历代王陵的建制有所不同，秦始皇陵园内一墓独尊，没有发现皇后陵。

地宫深度之谜

地宫是放置秦始皇棺椁和随葬器物的地方。2000 多年来，深藏地下的地宫构成了先秦文化中最大的谜团之一。

地宫的深度是研究者们争议最多的地方。其中最大胆的推断出自于欧洲核子研究中心的研究员，他们推断地宫的深度在 500 米～1500 米之间。多数中国学者认为这个数字难以置信。

有人推断地宫的深度至少在 50 米以上，其重要依据是湖北大冶铜绿山发现的战国古铜矿竖井深度已达 50 米。袁仲一先生通过对地下水位的研究，认为深度应为 23 米，而秦代最有代表性的秦王陵墓凤翔秦景公大墓深度为 24 米。孙嘉春先生是陕西区域地质矿产研究院的高级工程师，他发现秦代墓圹中墓道与水平面约为 10 度左右。经计算得出秦陵墓道长度约 200 米，而地宫深度应为 43.73 米。

考古队还有一个重要发现——地宫防水大坝，并由此推断地宫深度将低于 30 米，否则地下水将从高处渗入地宫。

王学理先生经计算得出地宫深度是 33.18 米，他认为这是高精度的探测结果。

地下水银之谜

司马迁在记录地宫结构的文献中，唯一可验证且已经验证的就是关于水银的记载。研究人员对秦始皇陵园进行汞含量测试，发现在封土中心 1.2 万平方米的范围内有一个强汞异常区。封土中的汞异常是地宫大量存在的水银挥发造成

地下宫城

的，其分布呈有规律的几何形，证实了《史记》中所说的“以水银为百川江河大海”。

有专家认为，在我国古代，炼丹家已掌握了将硫化汞分解得到水银的方法。如果始皇陵地宫中以水银为百川、大海，估计至少使用了100吨水银。

秦始皇以水银为江河大海的目的，不单是营造恢弘的自然景观，汞气体还可使入葬的尸体和随葬品保持长久不腐烂。而且汞是剧毒物质，大量吸入可导致死亡，因此地宫中的水银还可毒死盗墓者。

这些数量巨大的汞矿是从哪里来的呢？据考证，四川东南一带是春秋战国时期汞矿的主要产地。当时要从四川东南一带运出贡矿要跨长江，溯嘉陵江而上，走巴山，过汉水，经过千里栈道运到关中，其艰辛可想而知。

皇陵建造之谜

关于秦始皇陵的建造，还有许多谜题需深入研究，如秦始皇陵的建筑有没有设计蓝图？是谁主持了这一宏大的工程？秦始皇陵究竟有多深？秦始皇陵墓结构是怎样的？

秦始皇陵究竟有没有设计蓝图，从史书记载“使丞相斯将天下刑人徒隶72万人作陵，凿以章程”来看，秦始皇陵是按设计图修建的，绝非任意修建，这在古代帝王陵建造史上也是一个规律。目前在秦始皇陵园中发现的400多个陪葬坑，陪葬墓都是按其生前的要求建造的，既有表现生前军队的兵马俑，表现其车驾巡行的车马坑、生前狩猎的珍禽异兽坑，又有供应其膳食的食官，供祭祀用的寝、便殿，用来养马的马厩坑等。

是谁主持了秦始皇陵的工程？少府是主管建筑的，国家陵墓当由其管理，但是最高的管理上级还是丞相，只是丞相日理万机，难有时间与少府具体商议操作办理。这里还有一个问题，少府一官是秦统一后命名的，在统一之前有无这一官职无从考证，但无论有无，肯定有一种机构专管宫廷的土木建筑工程，可称之为司空。

皇陵结构之谜

秦始皇陵地下墓穴的结构如何呢？秦始皇要把生前的宫室、山河及其他一切都带到地下世界去，非广阔的墓室面积是不能容得下的。

据《史记·秦始皇本纪》记载："大事毕，已藏，闭中羡，下外羡门，尽闭工匠藏者，无复出者。"这里的羡门既有中羡、外羡，想必肯定有内羡门。这已表明地宫中有通往主墓的通道，工匠只能闭在中羡门以外的地方，内羡门以内才是秦始皇棺椁置放地，这么长的墓道并非一般竖穴墓所能具有，这正证明了300丈洞室的存在，即秦始皇陵地宫的洞室就在现在人造封土以南直达骊山中心主峰——望峰之下。

有考古工作者钻探出地宫的宫墙，地宫究竟有多大呢？宫墙南北长460米，东西宽392米，墙体高和厚各4米，其顶部距地表深2.7～4米，采用未经焙烧的砖坯子砌成，整个地宫面积为180320平方米，这样大的地宫是人们无法想象的。

司马迁展示了秦始皇陵的情景，穿三泉而建的地宫充满穷奢豪华的陪葬品，有以水银来表现的百川大海，有防止盗墓的机关弩矢，有装饰天文星宿之象的宫顶，有模拟统一后中国的疆域，还有用鲸鱼油做成的长明灯，照亮了整个地宫，经久不息……

兵马俑坑内景观

欧洲核子研究中心的科学家推测：地宫形状为拱形，直径约50米，内有4条直径25米的青铜环状物，总重超过万吨。

有专家则认为，地

宫结构应和春秋战国及秦汉时期的大型墓室结构近似，即多层台阶或近似方形的土圹。

秦陵全景

从事秦汉时期考古工作的专家得出一个更具体的结论：墓室由巨型竖井式圹穴构成，犹如一个倒置的“四棱台体”。

皇陵被盗之谜

秦始皇陵被盗的传说很多，史书中也多处记载秦始皇陵遭到盗掘和焚毁，如有项羽、牧羊童、石季龙、黄巢等人来此进行破坏。其中，关于项羽的行径记载最多，如“项羽烧秦宫室，掘始皇冢，私收其财物”，即项羽的军队大烧秦咸阳宫，又掘始皇陵，抢去陵中财物。又有“项羽入关发之，以30万人30日运物不能穷”，即项羽的军队30万人在此盗掘一个月，仍未能把宝物盗完。据专家考证，项羽火烧秦陵建筑是事实，但是否进入地宫，并且“30万人30日运物不能穷”，却是值得怀疑的。

关于牧童失火烧之，据《史书》记载为“牧儿亡羊，羊入其凿，牧者持火照求羊，失火烧其藏椁”，这个记载显然是有问题的，因为牧羊失火之事发生于项羽之后，而此时西汉朝廷曾派专人守护秦始皇陵，所以这纯属一个编造的故事。

石季龙是否盗掘过秦始皇陵，据史书云“他取铜柱铸以为器”，石季龙即石虎，是后赵的国君，其统治地区位于河南、河北一带，生活荒淫、奢侈，但由于考古工作者未曾见到铜柱类的东西，故始皇陵地宫中也不一定有此类东西，所以，石季龙盗墓之说也不能成立。

黄巢掘墓也不大可能。史书中关于农民起义军盗墓的记载颇多，但不尽然。之所以会出现这种情况，是由于这些史书都是封建文人写的，他们对农民起义军恨之入骨，因而记载中多有诬蔑的不实之词，所以这些记载的可靠性不大。如果这些起义军盗墓，必然会留下大规模盗掘的痕迹，但今天的考古工作者在封土堆上找不到被盗掘的痕迹。虽在封土堆的西面和东北面各发现一个盗洞，但都是直径只有 1 米，深只有 9 米，呈椭圆形，显然是宋代盗墓贼干的，而且这些盗洞根本未伸入地宫之内。

虽然历代的史书中有秦始皇陵屡次被盗的记载，但也有不少史书对这些记载持否定态度，认为不可信之。之所以出现秦始皇陵屡次被盗掘的记载，是因为《史记》中有关秦陵地宫中金银财宝的描写及秦始皇生前奢侈的生活必然在地下王国有所发现，这便引起了盗墓者的觊觎，也引起了人们的一些猜测，因此出现了各种各样的附和。然而不排除历代确有许多人欲盗墓的事实，但从现在的情况来看，似乎都未成功。由于《史记》中提到地宫门装有暗弩，一触即发，并埋有水银，这些东西对盗墓者是一个威胁。盗洞之所以未进入地宫内，一则因为盗墓者确实害怕，二则可能随着盗洞的深入，水银的蒸发愈来愈浓，会把盗墓者熏死。

秦始皇陵是否被盗，目前有多种猜测，如果有朝一日其被发掘，真相会大白于天下。

神秘陪葬坑之谜

由陕西省考古所和秦俑博物馆组成的联合考古队在秦始皇陵的东北方向发现一神秘陪葬坑，共出土十余件青铜制禽类动物，这在秦始皇陵考古史上属首次发现。

该陪葬坑位于秦陵外城东北角。整个陪葬坑呈“F”形布局，全长 60 米，大量的红烧土和木炭证实该坑曾遭火焚。目前被命名为秦陵 7 号坑，现在考古人员发掘的只是陪葬坑的一小部分，仅 24 平方米，发现了 13 件青铜制的禽类动物，5 件青铜制的云纹

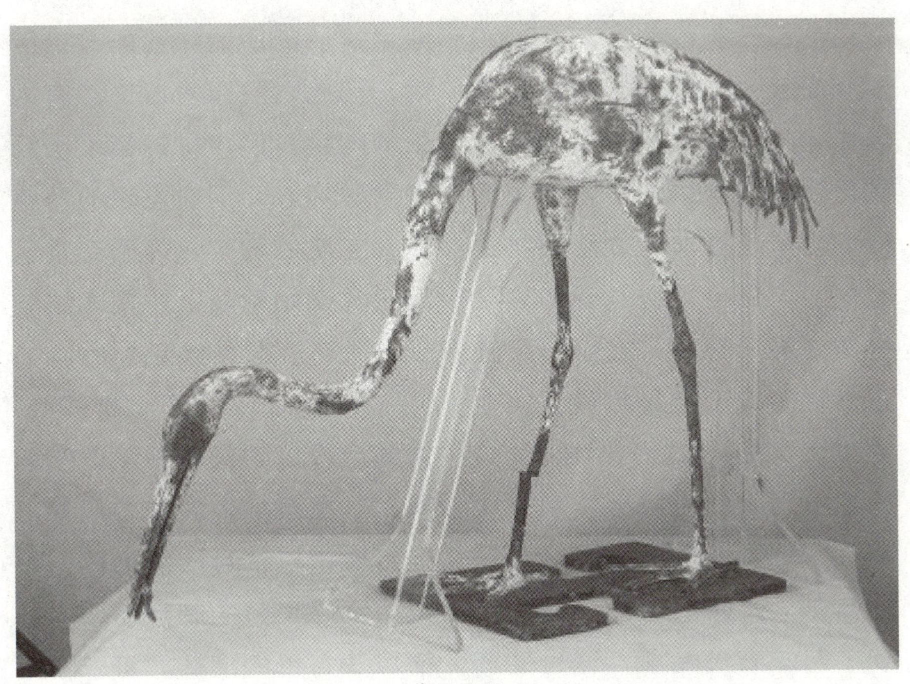

青铜仙鹤

踏板。

经辨认，在13件青铜禽类动物中有2件是青铜仙鹤，其余则锈蚀严重，较难辨认。青铜仙鹤位于陪葬坑的中部，其中一只躯干残长68厘米，宽21厘米，脖颈裂为数块，残长43厘米；另一只呈饮水状，躯干残长62.5厘米，宽20厘米，高9厘米，颈残长20厘米，体表似有彩绘残迹。考古工作人员推测，目前发掘的这一小部分过去可能是水池，青铜禽类原都立于踏板之上。

秦陵陪葬坑是个千古之谜，其文化内涵丰富，秦陵7号坑的发现为人们研究秦始皇陵的形制又提供了重要的实物资料。

“群葬坑”之谜

一个罕见的“群葬坑”在秦始皇陵区被发现，坑内可能埋葬着数十名专为秦始皇陵烧制砖瓦的陶工。如此规模的“群葬坑”在秦始皇陵区还是首次发现。

“群葬坑”位于秦兵马俑博物馆正门东北方向数百米处，

深约十二三米。它记录了2000多年前秦代工匠的“悲惨下场”。坑底横七竖八地躺着七八具尸骨，相互叠压，可以想象他们当年是被非常残忍地扔进坑内的。据当地群众说，这已是第四层尸骨了，在第一层就已发现了二三十具尸骨。据专业人士分析，这一“群葬坑”为埋一层人加一层土，系多次埋藏。

在“群葬坑”的东侧还发现了两座秦代陶窑，这也是考古工作者在秦始皇陵区迄今发现的保存最完好的秦代陶窑。

秦始皇陵园内有大量的宫殿建筑，其所需砖瓦的数量巨大，因此，陵园附近必然有大量的陶窑，但大批的窑址已经遭到破坏。而这次发现的两座保存完整的陶窑，为研究秦代陶窑及秦始皇陵区的制陶作坊提供了非常重要的实物资料。

根据以上推测，“群葬坑”内的尸骨应为秦始皇陵的专职陶工。据当地人说有的尸骨上还带着镣铐，可能为刑徒，这说明秦始皇陵的制陶作坊中还使用了大量的刑徒。可以断定的是，这些陶窑还不是烧制兵马俑的陶窑。

秦始皇兵马俑之谜

秦俑军阵之谜

时常有人问，秦始皇为什么要用这么多的泥人泥马来陪葬。这实质上是按古代礼制“事死如事生”的要求设计的。因为秦始皇即位后，用了大部分的精力和时间进行统一全国的战争。当时他率领千军万马南征北战，消灭了六国，统一了天下。为了显示他生前的功绩，便需要用军队来陪葬。

大多数学者认为秦兵马俑是秦始皇陵的一部分，反映的是秦始皇生前的军事情况，但在具体问题上观点又不一致。一种观点认为秦俑坑出土的这支秦代军队的大型群雕是秦始皇创建和加强中央集权的象征，秦俑坑大批兵马俑的军事阵容，正是秦始皇统治的强大的军事实力的形象记录。在一定意义上也可以说，它是秦始皇东巡卫队的象征。一种观点认为，秦兵马俑坑象征着驻在京城外的军队，可称之为宿卫军。以战车、步兵相间排列的一号兵马俑军阵是为右军；以战车和骑兵为主的二号兵马俑坑是为左军；未建成的废弃坑当为拟议中的中军；三号兵马俑坑是统帅右、左、中三军的幕府。俑坑本身象征着屯兵的壁垒，三军拱卫京师，是秦统治者希望加强中央集权维护一统江山的反映。一种观点认为，不存在四号坑的问题。秦俑军阵是由正、奇兵和指挥部组成的军阵，否定了三军说。一种观点认为，秦始皇陵兵马俑军阵实乃一项未竟工程，全部建成应有 5 个兵马俑坑，这个庞大的军阵按前后左右中配置兵力，实为秦代“乘之”所演习的8种阵法中最基本的阵法——方阵。方阵阵法的特点之一是“薄中而厚方”，中军兵精而少，接敌的外围四队兵力较多。秦俑军阵正是按照“薄中而厚方”的方阵法来配置兵力的。一种观点认为，兵马俑三坑，不是象征左、中、右三军，而是反映秦代中央军的三个组成部分，三号坑绝非人们通常说的指挥部，它应该是象征郎中令统领的宫廷侍卫——郎卫；一号坑是反映卫尉统辖的宫城卫士，或称之为南军；二号坑是反映中尉统领的京师屯戍兵，可称之为北军。

对三号坑是指挥部的传统观点也有人提出异议，认为是军伍社宗，是用来进行军祭的。

对于二号坑的多兵种集团军也有人提出是四兽阵，即弩兵阵为朱鸟阵，战车、步兵、骑兵混合阵为玄武阵，骑兵战车组成的阵为青龙阵，战车阵为白虎阵。

还有的学者认为兵马俑军阵为《尉缭子》所云的“常阵”，有的学者认为是鱼丽之阵，更有的学者认为兵马俑阵就是为秦始皇帝送葬的俑群。

四号坑之谜

1975年夏天，考古工作者在一号坑北侧、二号坑与三号坑之间发现一个未建成的废弃坑，被称为四号坑。该坑的北边及东西两边的北侧十分整齐，而且比较清晰。坑的南半部已被河流冲垮，南边线不清。坑东西长48米，复原后的南北宽约96米，深约4.8米，总面积4608平方米。

这个坑内的堆积情况是：上层覆盖着1.5～2.5米厚的砾石，路面交错叠压着不规则土层，下层是乱土，4.8米以下是原生黄土，坑内未发现任何文物遗迹。《三号坑发掘简报》认为，这有可能是拟议中的一个军阵，之所以成为废弃坑，是因陈胜、吴广领导的农民起义爆发而未能建成。

关于四号坑的猜想确是一个难题。尽管有各种猜测、推断，仍有许多矛盾难以避免。没有此坑，反倒觉得内容比较合理一些。

其一，从秦俑坑建筑群来看，在二、三号坑之间有四号坑较为合理，否则会露出明显空缺，但是它给其陈设内容的确定留下了难题。

其二，从秦俑陈设显示强大秦军作战部队来看，俑坑中有秦陆军全部兵种，唯独缺少水军，很明显军种不全，但要陈设一比一战船队形，四号坑就显得非常狭小了。

其三，从表示陵区或都城的宿卫军角度看，陆军各兵种尽有，四号坑显得多余，无此坑，又显示了建筑布局的不合理。

其四，从阵形角度看，如将四号坑复原，它应是横队排列。一号坑是纵阵，二号坑是曲阵，三号坑是“门”式队，加上四号坑横阵也似合理，但兵种必定重复，内容仍难确定。

其五，从作战部队以外编制考虑，如果说三号坑是“社宗”，四号坑似乎可作军乐等，但没有一点儿遗迹，证据尚不充分。

凡此种种，也反映出俑坑设计之初主题思想中的部分不确定性。最后经过思考和调整，决定废弃四号坑，选择了宿卫军主题从而留下了建筑布局等方面的遗憾。

正由于四号坑的文物，遗址迹象不清楚，故引起了学者们的争论，估计还会有不同的观点出来。随着秦始皇陵的发掘，也许会有文字出现，这个谜才可能解开。

秦俑坑焚毁之谜

秦兵马俑坑建成后不久，就遭到了自然和人为的破坏。

兵马俑的人为破坏是谁干的呢？这个问题，需从农民战争说起。秦朝末年的陈胜吴广起义给秦政权以沉重打击，周章所率领的一支起义军已打到秦始皇陵以东的戏水，在这种情况下秦王朝不得不把当时修建秦陵的人免除徭役，并配发兵器去抵抗农民起义军，由章邯率领。由于周章所率起义军孤军深入，被章邯打败。但章

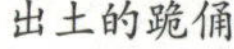
出土的跪俑

遭到破坏的兵马俑

邯这支部队后来被项羽打败并收编。项羽入关后，对秦在关中所修的建筑、陵墓进行了肆无忌惮的破坏。据史书记载，他火烧咸阳宫、阿房宫，火三月不灭。此外，对始皇陵、始皇陵冢也曾采用挖掘、火烧等办法。秦俑坑焚毁是否是项羽所为或是另有他人，还是自然焚毁，到目前为止，专家、学者们仍在不断研究探索这一问题。

青铜兵器不锈之谜

秦俑坑数以万计的青铜兵器虽埋在地下 2000 多年，但挖出后，仍寒光闪闪，锋利无比。这是什么原因造成的呢?

经过对剑、矛、镞、殳等兵器进行微光显微光谱、X 光、电子探针、光谱分析等检验，发现其兵器表面有一层致密的含铬化合物的氧化层。

化学镀铬技术的发明，是我国于 2000 年前首创的奇迹。关于这一工艺的具体方法，今天已不得而知，但根据模拟性的实验，用铬矿石的火硝在空气的参与下，经过 800～1000℃的焙烧，可浸出制成铬酸盐或重铬酸盐。再把重铬酸盐加温到 400℃左右，使其液化，涂到青铜剑、镞的表面，即可形成一层灰色的铬盐氧化层，具有良好的防腐蚀功能。这是当时生产条件下的一项特殊工艺，这种工艺在西汉时期仍沿用。考古工作者在挖掘西汉满城汉墓时发现了这种经过铬盐氧化工艺的兵器，但后来再没有发现过这种情况，最终这种工艺后来失传了，遂成为千古之谜。

青铜剑的锋利程度简直令人难于想象。现存于故宫博物院的那柄秦俑坑青铜宝剑，专家曾用它做过试验，在桌面上放一叠纸，然后轻轻地将剑从纸上拉过，一次居然划透了 19 张纸。这把剑是用铜、锡、铅等金属制成的，且各种金属的比例掌握得恰到好处，从而使秦剑坚硬锋利而富有韧性。

在青铜兵器的铸造过程中，2000 多年前人们已使用了标准化工艺，这可是一个了不起的创造。所谓标准化是指同类产品部件必须能够互相通用，以便于大规模生产和检验管理，同时也便于更换和维修，它是现代化工业的产物。但通过对秦俑坑兵器的实测，发现数百件弩机的牙、栓、刀和其他部件，完全可以互换通用，轮廓误差不超过 1 毫米。铜箭镞按照应用需要，分为 4 种类型，形成了系列产品，同类型铜镞的 3 个面的轮廓误差不大于 0.15 毫米，镞头锋刃采用流线型三维空间曲线，把它放大 24 倍后与当代生产的手枪弹头轮廓线竟奇迹般的重合。由此可见秦代兵器生产型号、式样已规范化、系列化。1982 年英国标准化专家在看到这批兵器后赞不绝口，并公认世界的标准化发源于中国的秦代。

仁丹胡和光脚板之谜

一队队披甲的武士，在钢钎和毛刷剔指下露出本来面目，都是七尺之躯、仪表堂堂。令人惊讶的是，不少武士上唇的髭尖上翘，蓄着大家熟悉的“仁丹胡”。过去很长一段时期，人们误认为“仁丹胡”是欧风东渐的舶来品，中国人蓄“仁丹胡”是模仿德国的威廉皇帝。鲁迅先生看了《列帝图》里唐太宗的上髭后，恍然大悟，专门著文辩诬，指出“仁丹胡”原来是一种国粹。秦始皇兵俑坑里的“仁丹胡”武士们，比唐太宗早 837 年，可见“仁丹胡”实是中国的国粹，远古已有之矣。

出土的跪坐女俑，容貌端丽，举止安详，当是阿房宫里的侍女。她们衣饰整齐，但都光着一双脚板，初见者无不诧异。

其实，秦汉宫廷侍女一般都是光脚的。她们在宫廷室内服役，地下铺有氍毹（地毯）或地衣，光脚无妨走路。更重要的原因是，“徒跣”（穴光）是罪人的标志，那时宫女的来源大都是罪人的妻女，她们在宫廷里地位低微，光脚正好用以区别尊卑。20 世纪 70 年代初，中山靖王墓出土的长信宫灯，造型是一位持灯跪坐的宫女，裾下也是一双光脚，为秦俑提供了有力的佐证。

巴蜀古墓迷雾重重

世界第九大奇迹之谜

“三星堆文化”遗址坐落在中国四川广汉。它被称为“第八大奇迹”秦始皇陵兵马俑以后的“世界第九大奇迹”。这一古老的文化遗址，历年来为中外人士瞩目。

最有意思的是美国著名富豪比尔·盖茨的母亲倪密女士，对三星堆奇迹情有独钟。在她任美国西雅图艺术博物馆馆长期间，出于对历史古迹文物的特殊爱好，她竟然坚持6年之久，不断向中国政府申请借展中国文物，最终得到了中国政府的许可。

2001年在她主持的西雅图博物馆里，迎来了《千古遗物——中国四川古代文物精品展》盛会，会上展出了三星堆青铜神树等珍贵文物。她曾经深情地对中国同行们说：“三星堆神树是目前为止世界上最大的古代青铜神树，在世界文物爱好者心中的影响甚大。我恳请借展这件中国国宝，那是我‘最痴迷’的啊！”当三星堆文物在西雅图展出时，馆内人满为患，里三层外三层，轰动一时。美国报纸报道这是“世界上独一无二、最引人注目的文物精品展览”，是“中美两国文化交流史上值得大书特书的一件事”。

倪密等一批美国文物专家甚至倡议将2001年这一年定为“中国年”。为什么“三星堆文化”在世界上能引起如此轰动呢？因为它的确是中外考古历史上的一个奇迹。

漫长的挖掘过程

三星堆位于广汉市的西边，

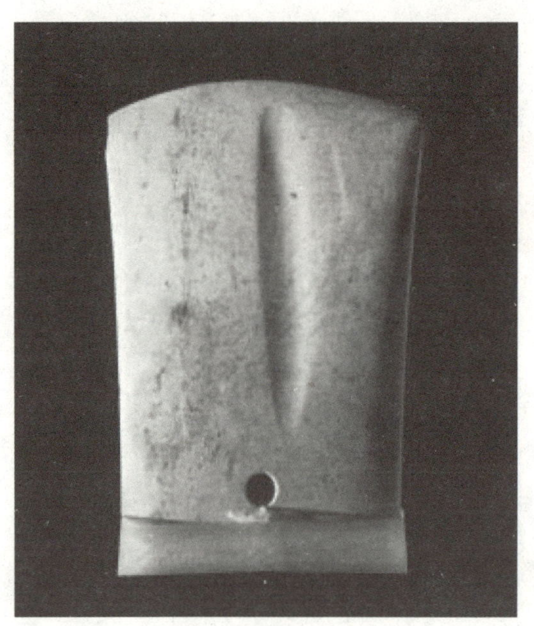

古石器

进行考古挖掘，在那里又挖出了远古石器、陶器和绿松石等 600 余件文物。当时正在日本的郭沫若了解到国内的重大发现，兴奋地给四川学者写信说，这批文物属于“西周初期”是确定无疑的。新中国成立后，四川大学考古学教授冯汉骥先生又先后率领考古人员在月亮湾进行了几次发掘。冯教授对在月亮湾对面的三星堆发表预见：“这一带遗址如此密集，很可能是古代蜀国的一个中心都邑。”

是四川的一个小村庄，在省会成都市的正北方向，沿宝成铁路就可以到达村边，一般称为广汉三星堆。

在 1929 年三星堆北边的月亮湾，有户姓燕的农民在掏水坑安放水车时，偶然挖出了一大堆古玉器，有各种形式的璧、璋等 400 余件。这些被当时古董商们号称“广汉玉器”的文物很快引起了考古界的注意。20 世纪 30 年代，当时华西大学博物馆的美籍教授葛维汉等决定组织一支 80 多人的考古队和武装士兵，去月亮湾

1980 年，一批制砖工人挖土时，在三星堆发现了一批古陶和古石器，还清理出商周时期的房屋地基和古墓葬。但具有决定意义的是 1986 年的考古发掘，这一年考古学者们从仲春开始，一直挖掘到盛夏，终于发现了震惊世界的大量文物。考古学家把发现这些宝物的地方命名为三星堆文化遗址一号、二号祭祀坑。

大量的稀世珍宝

三星堆一号、二号祭祀坑出土的稀世珍宝不胜枚举，其中最使中外人士钦羡惊奇的是一柄金杖和青铜神树。这柄金杖是一根用较厚纯金包卷而成的金皮木芯，杖长 142 厘米，直径 2.3 厘米，净重 500 克。杖上有精美平雕纹饰，刻着头戴五齿高冠、耳系耳坠的人头和两对对称的鸟鱼的图案。这是古代至高无上的权力的象征。青铜神树制工精巧，高达 3.95 米，树上铸造着一只蛟龙，好似从天上飞旋而下，枝干上还栖息着一只神鸟，这就使得这棵神树显得无比神秘。三星堆出土最多的是青铜雕像，其中有人物雕像 82 尊，包括全身人物雕像 10 尊，最大者通高 260 厘米，人头雕像大小和真人接近，最大的人头像高 65 厘米，连耳宽 138 厘米。除人像外还有若干动植物青铜雕像，包括鹰、鸟、蛇、龙、凤等，也都生动有趣。此外，还出土了数具黄金面罩，有的是戴在人头雕像上一起出土的。再有就是一些象牙、海贝、玉石祭器等贵重文物，总数在千件以上。

三星堆验证了古蜀文化的博大精深

所谓“古蜀文化”是指中国四川地区上古时期的一种文明，时间一般指从原始社会到秦，大致可以包含四川的新石器时代文化、夏商周直到春秋战国时的文化。古蜀文化可以说自古以来扑朔迷离，文字材料太少，所以唐朝大诗人李白在《蜀道难》一诗中这样感慨地说：“噫吁嚱危乎高哉。蜀道之难，难于上青天。蚕丛及鱼凫，开国何茫然。尔来四万八千岁，不与秦塞通人烟。”蚕丛和鱼凫，是神话中古蜀王国的两位国王或首领，千万年以来，古蜀就不曾与北方的秦国和中原互通音信。李白这句“难于上青天”，不仅指山路耸拔险要，也意味着要了解古蜀的历史是相当难的。由于史料极少，长期以来史学界对古蜀

青铜面具

文化一直众说纷纭，疑信参半。有的学者甚至认为“古蜀王国只能是一团裹着厚厚浓雾的历史轮廓”。

但是，三星堆以实物证明了四川古代确有悠久的辉煌文化。大量的金、铜工艺品证明当时三星堆古文明进步的程度并不低于中原的商周文明。

考古学家经过研究出土的神奇的金杖得出结论，当时古蜀国的首领已经具有崇高的权位，金杖上的人头图案，就是蜀王的形象造型，与那尊最大的青铜立人一样，代表着王权。而杖上的鱼、鸟图案，则是蜀王魔力无边的通神之物，鱼能潜渊，鸟能登天，国王无所不能。三星堆的金杖，与中原王朝的九鼎一样，代表着古蜀国王的政治、经济和宗教的综合垄断权。而金杖上的鸟、鱼图案，也许正和古代记载的古蜀鱼凫国王相合，青铜神树上的那些飞禽，可能也与鱼凫有关。辞书上的“凫”，本来就解释为一种水鸟。考古学家还从《华阳国志》有关古蜀的记载“有蜀侯蚕丛，其目纵，始称王”进行考证，三星堆出土的那些青铜人头、人面和人立像，其双眼都有些向上竖起，颇似纵目，因此认为那面纵目人大面像，也许就是蜀王蚕丛氏的偶像。还有一种说法认为，纵目大面人头像，其含意和中原甲骨文中“蜀”突出“目”字意义相同，反映了这是“蜀人”。

三星堆遗址和大批文物的发现，使长久以来古蜀朦胧的历史迷雾，逐渐被人们拨开了。三星堆文化勾画出了古蜀历史的轮廓。

古蜀遗址的发现展现了四川古史概貌

根据三星堆遗址和后来陆续发现的四川其他古蜀遗址，可以初步构架出战国以前四川地区古史概貌。

三星堆文化大概可分为四期：第一期属于新石器时期晚期文化，第二期为夏商间的文化，第三期为殷商文化，第四期为商末周初文化。1986 年发现的三星堆一、二号祭祀坑的遗址和大批珍稀文物属于第三期文化。

考古工作者在三星堆和四川其他地区已经发现了大量夏商周时期古人社会生活遗迹，并且出土了 10 万件以上古人生活用具，以及那时的城墙、宫殿遗址。根据这些材料，基本上能够勾画出古蜀的社会经济概貌。考古专家之所以得出这样的结论，原因如下：

第一，从三星堆遗址东、西、南部，发现了巨大的城墙。经勘测，可算出三星堆古城东西长约 2000 米，南北宽 1400 米，总面积达 2.8 平方公里。城市或城堡的出现，是古文明发展的重要标志。除城墙外，在三星堆还发现了密集的居民生活区、作坊和祭祀区，生活区出土房址数十处，墓葬多处，生活用品、玉石器 110 多件，陶器 70 件和残陶片 10 万多件，雕花漆器千件以上。这些文物都能反映出当时三星堆古代居民较高的生活水平。

第二，从出土的金器和青铜像来看，三星堆文化时代手工业技术已相当发达。从人像造型和精美的装饰，就可看出三星堆铸造技术已到了炉火纯青的程度，不低于中原的商周文化和境外同期的西亚、中亚、北非和古印度的青铜文明。叹为观止的是，三星堆的青铜器，铜、锡配备已十分科学，其青铜器成品和青铜熔炼比例竟达到 1∶5 甚至 1∶2，可见其熔炼技术之高和当地矿产资源的丰富。三星堆出土的金器总量达百件以上，其数量之多和器物形体之大，均为中国商朝时期所罕见。

第三，古代三星堆人宗教意识很强。考古学家判断在三星堆发现的大量珍稀文物的遗址为当时的“祭祀坑”，即宗教祭祀的场所。出土的青铜器、金器和玉石、陶器群，在性质上都属于祭祀用的礼器。这说明古蜀的统治者是政治和宗教合一的集权者。

第四，殷商时代的三星堆和古蜀地区，对外经济文化交流已很发达。三星堆出土的文物中，有一种海贝，这些海贝远产于印度洋的深水海域，但它在三星堆祭祀坑大量出现，可能是那时古蜀王国与古代东南亚、印度次大陆物品交换用的通用货币。可见那时三星堆人已经和很远的地方有贸易来往了。

有一些学者还认为，三星堆出土的青铜像中，有一些颇有高鼻深目多须的中亚、西亚人特征，而黄金面罩的制作，本发源于古代的两河流域美索不达米亚平原，伊拉克、埃及和欧洲的迈锡尼，也都出土过上古时代的黄金面罩。这些都说明早在商朝，三星堆地区和古蜀国就与上述地区有直接或间接的文化交往。

有一种说法还认为，“三星堆曾是世界朝圣中心”。根据在三星堆发现的大批印度洋海贝的事实推论：大量异域祭祀用品汇聚三星堆，表明三星堆古国当时祭祀业相当发达，吸引了世界各地的朝拜者，对外交往、贸易都异常活跃。假如这一观点被认可的话，“三星堆文化”就更加具有重要的世界意义了。

关于三星堆的八大未解之谜

关于三星堆遗址及其出土

三星堆遗址

文物的学术问题，至今仍是难以破解之谜。

1. 三星堆文化来自何方？目前有其来源与岷江上游新石器文化有关、与川东鄂西史前文化有关、与山东龙山文化有关等多种看法。三星堆文化是土著文化与外来文化彼此融合的产物，还是多种文化交互影响的结果？

2. 三星堆遗址居民的族属？现有氐羌说、濮人说、巴人说、东夷说、越人说等不同看法。多数学者认为岷江上游石棺葬文化与三星堆关系密切，其主体居民可能是来自川西北及岷江上游的氐羌系，但仍需得到考证。

3. 古蜀国是一个附属于中原王朝的部落军事联盟，还是一个相对独立的已建立起统一王朝的早期国家？其宗教形态是自然崇拜、祖先崇拜还是神灵崇拜？或是兼而有之？这些都需要等待破解。

4. 三星堆青铜器群高超的青铜器冶炼技术及青铜文化是如何产生的？是蜀地独自产生发展起来的，还是受中原文化、荆楚文化或西亚、东南亚等外来文化影响的产物，还没有定论。

5. 神秘的古蜀国何以产生，持续多久，又何以突然消亡？是三星堆古文化遗址的又一个谜。

6. 三星堆出土上千件文物的两个坑属何年代及什么性质？目前年代争论有商代说、商末周初说、西周说、春秋战国说等，性质有祭祀坑、墓葬陪葬坑、器物坑等不同看法。

7. “巴蜀图语”是晚期蜀文化的重大之谜。三星堆出土的金杖等器物上的符号是文字？是族徽？是图画？还是某种宗教符号？

8. 地下图纹沟究竟是代表某种图腾，还是一些不为人知的建筑图形遗迹？

上述种种之谜，有待于考古专家、考古爱好者去破解。

天国山古墓之谜

天国山古墓真是杨贵妃墓吗

在都江堰两和乡不远有一处被发掘的墓地，墓地方圆有100平方米，高达50米，背靠天国山主峰，左右两侧都各被一座小山环绕，前临味江，正对马家岭和金鞭岩。这地形正符合古代风水宝地的特征：左青龙（左侧小山）、右白虎（右侧小山）、前朱雀（味江）、后玄武（高大的天国山），暗山（马家岭）、朝山（金鞭岩）。此墓气势宏大，又处风水宝地，绝非寻常王侯之墓。站在高高隆起的“馒头山”，放眼四望，群山或挺拔、或突兀、或慵懒，而唯独此山如馒头状，仔细查看，人工痕迹很多。

据《灌县志》记载，杨贵妃出生在现在的都江堰市聚源镇，《太真外传》称“杨玄琰（杨贵妃的父亲）为蜀州司户参军，生贵妃于此（聚源镇迎祥

杨贵妃像

村迎祥寺侧)”。据宋朝《舆地纪胜》记载，唐玄宗在天国山建造的行宫——延庆宫，就位于现在的两和乡两河口处。当唐玄宗因避“安史之乱”入川时，在马嵬驿赐死杨贵妃后，完全可能把杨贵妃的尸体运到都江堰，秘密葬在天国山。

1998年，四川人民出版社出版的《青城山志》收录的清朝《青城洞天胜景全图》上的风景名胜就有贵妃墓，但没有指出是哪位贵妃的墓。据史料记载，天国山古墓主人极有可能就是杨贵妃。

来自民间的说法似乎也有道理。世代居住在天国山下红梅村6组的吴大爷参与了当年古墓的挖掘。他说，当地村民祖祖辈辈都流传着杨贵妃葬在古墓之中的说法。他认为杨贵妃葬在此墓的理由是：杨贵妃是著名的“胖美人”，都江堰从古至今都盛产“胖美人”；杨贵妃信奉道教，而青城山则是中国道教的发源地之一，天国山的“贵妃墓”正对着青城后山的金鞭岩；杨贵妃生前爱吃新鲜水果，据记载，墓地一带的红梅村明朝以前就是川西最大的梅子产地。

天国山古墓真是杨贵妃之墓吗？为什么历史文献中没有关于贵妃墓主人的记载？这古墓之谜谁能解开？

等待破解的凉山巨石古墓之谜

在凉山州安宁河平原，散落着大约200余座大石墓。仅在德昌县的六所乡内，约10000平方米的田野中，就摆放着13座用未加工的巨石堆垒成的巨型石墓。石墓长度大约在12米以上，高2米左右。令人遗憾的是，根据有关文物发掘法的规定，如非抢救性发掘，这些大石墓还不能被发掘。

据凉山州博物馆考古工作者介绍，大石墓目前还有两大谜底未能揭晓：其一，古人用什么样的技术能够移动如此庞大的石块。修建这些石墓的石块每块重量至少在一吨以上，以五六吨重居多，而这些石块均产自离墓地5公里外的大山中。其二，墓主的族属问题。从其他被盗墓葬的已发掘情况来看，大石墓中数十具乃至上百具尸骨，均属原尸体弃置野外任其腐烂完毕以后，再将尸骨收捡放入大石墓内，而且这些成群的尸骨则是多次放置进

凉山州

古石墓

入的。具有这种奇特的“捡骨”葬式的墓主究竟属于哪一个古代少数民族呢？其宗教信仰又是怎样呢？凉山州博物馆馆长刘弘认为：墓主疑为司马迁在《史记》中提到的“古邛人”，属氐羌系少数民族，在距今约3000年前从岷江上游迁至安宁河平原，远远早于彝族进入凉山州的时间。是否果真如此尚待破解。

攀枝花到西昌高速公路的修建规划客观上促成了大石墓发掘。四川省考古研究所与凉山州博物馆等文物单位联合组成了“南方丝绸之路”考古队，在西昌市境内的西攀高速公路规划线附近，又发现了两座完好无损的大石墓。凉山州博物馆有两大猜想会在这次发掘中得到证实：

第一，大石墓前是否有祭祀土坑的存在？如有，将会发现大量的古人生活及祭祀用品，这将为勾勒“古邛人”的生产、生活场景起到关键性作用。

第二，巨石是否用原木平铺地面、从远处拖来？如果这样，将发现施工的痕迹。

湘北古墓未解之谜

马王堆墓主之谜

1972 年在湖南省长沙市郊的马王堆出土了一座距今 2100 多年的西汉早期墓葬。在这座古墓葬里，从尸体、棺椁到大批的随葬器物，都保存得比较完整，是中国考古发掘工作中一项极为罕见的重要发现，对研究西汉初期的历史、文化、手工业生产、农业生产以及医药、防腐等方面都有极大的价值。

一、二、三号汉墓之谜

马王堆在长沙市郊五里牌外，离市中心约 8 公里。这里是方圆约半里的土丘，在土丘的中部，残留着两个高约 17 米的土冢，其中东边的土冢是一号墓的封土堆，西边的土冢是二号墓的封土堆。

三号墓的封土堆几乎全被一号墓的封土所覆盖，外表上露出的痕迹很少，所以过去一直以为这里只有两个墓葬。

马王堆周围是平坦的田畴。浏阳河流经它的东面然后转向西北。河东河北是连绵的低矮山丘，西面是一群不大的湖泊。

马王堆古墓的发掘，最终解开了长期争执不下的墓主是谁的历史之谜——20 世纪 70 年代初，中国考古工作者对湖南长沙马王堆一、二、三号汉墓进行了科学发掘。

马王堆一号汉墓葬有一具女尸，外形基本完整。尸体裹了约 20 层衣物，半身浸泡在略呈红色的水里。尸体的皮下结缔组织有弹性，纤维清楚。股动脉颜色与新鲜尸体的动脉相似。在为其注射防腐剂时，女尸的软组织随即鼓起，以后

逐渐扩散，与新鲜尸体十分相似。据专家估计，这具女尸死亡年龄在 50 岁左右。

弥足珍贵的历史文物

这座墓的随葬器物数量很多，共有千余件，多放在外椁与棺之间。其中有丝织品、漆器、竹木器、陶器以及粮食、食品、明器等等。丝织品包括目前所了解的汉代丝织物的大部分品种，有绢、罗纱、锦、绣、绮等，花纹鲜艳繁缛，制作技术精巧。最珍贵的是覆盖在内棺上的一幅彩绘帛画，呈“T”字形，画幅长 2 米多，上宽 92 厘米，下宽 47 厘米，角上缀有飘带。这幅帛画内容丰富。整个画面，从下到上，表现了地下、人间、天上的景物。这些景物有的出自神话传说，如“羿射九日”、“嫦娥奔月”等故事，有的出自当时阶级社会的生活。既有想象，又有写实，线条流畅，描绘精细，色彩绚丽而对比强烈，实为中国古代帛画中前所未见的杰作，也是中国现存的 2100 多年前唯一的一件画在丝织品上的绘画珍品。在内棺的四壁和盖板上，分别贴有一层铺绒和羽毛贴花绢。铺绒用于镶边，羽毛贴花绢由金黄色、黑色、翠绿等色彩的羽毛制成作菱形纹，这种装饰在木棺上的铺绒和羽毛贴花绢，迄今还是第一次发现。

在竹木器中，比较珍贵的是 120 多个身穿彩衣或彩绘的木俑。有 26 个木俑组成了一个奏乐歌舞班子，在它们的对面，放置着漆几、屏风、手杖、香囊、奁盒和盛满食物的漆案。还有一个 25 根丝弦的木瑟，一个前后两排，共 22 管的竽和一套 12 支竹管制成的音律管。这三件保存十分完好的管弦乐器，为中国古代音乐史的研究增添了实物资料。

在马王堆的出土文物中，最有历史文献价值的莫过于三号墓出土的帛书了。这些帛书用墨把古书抄录在帛上，字体为小篆或隶书，共有 12 万多字，大部分是已经失传了 2000 多年的古籍。这些佚书的出土，为研究中国古代历史和哲学思想提供了丰富的资料。在出土的帛书中，有《老子》写本2种，上下篇的次序与今本相反，文字也有出入；《战国策》1.2万多字，一半以上是今本所没有的；《易经》4000多字以及其他秦汉以前的古书，共10多种。出土的《老子》甲本卷后还有3篇古佚书，没有篇名，第二篇抄录伊尹论九主的一段，约1500百字，讲到9种君主，特别肯定“法君”。出土的《老子》乙本卷前，有《经法》、《十大经》、《称》、《道原》四篇古佚书，共1.1万多字。这些古佚书，有的内容具有比较明显的法家思想，对于研究中国自战国至西汉初期法家思想的演变很有价值。在佚书中，还有《易说》约7000字；《相马经》4000多字；《医经方》1万多字；《二十八宿行度》约4000字以及关于刑德、阴阳五行的书。

此外，还有湘江、漓江上游地图，驻军图等，这是中国发现的最早的地图。

“马王堆”名字的由来

“马王堆”这样一个古怪的名称是怎样来的呢？

有人说，马王堆的名字与五代时楚王马殷有关。马殷曾经建都长沙，马氏父子数十年经营长沙，留下过不少古迹，如“会春园”、“九龙殿”、“马王街”等。这两个土堆子，相传就是马殷及其家属的墓地。也有说是马殷的“疑冢”，即假坟，所以叫做马王堆。不过，也有的人说：这两个土冢大小相似，中间连接，形状像马鞍，原来叫“马鞍堆”。也不知到了哪朝哪代，念走了音，变成了“马王堆”，于是才和楚王马殷搭上了线。

北宋《太平寰宇记》记载，在长沙县侧十里有西汉长沙王（刘发）埋葬其母程、唐两姬的“双女冢”，坟高约23米。明、清以来的一些地方志也沿袭此说。有的记作“二姬墓”，而且方位更加具体。光绪《湖南通志·卷三十六》引《一统志》就明确记为“二姬墓在（长沙）

县东”。接着还特意引述了史书上的一段故事，交待了两姬的来历：唐儿原是汉景帝妃子程姬的侍女。一天晚上，程姬因身子不便，就叫她代替自己去陪伴醉醺醺的景帝。后来，景帝就将唐儿收为妃子，叫唐姬。唐姬生了一个儿子，取名发，封在长沙国，为长沙定王。由于马王堆汉墓两墓相连，程、唐两姬之间又有这样一种关系，所以一直就有人将马王堆与记载中的“双女冢”相比附。甚至在马王堆一号发掘后的一段时间里，不少人还对此确信不疑。《湖南通志》引《旧志拾遗》的双姬墓之说后，又说“长沙定王发墓在东门外，及其母唐姬墓，各高十三丈，其间相去三丈”。若依后一说，那么，马王堆两个王冢又成了刘发和唐姬的墓了。一书并载两说，可见并无实在的根据。

解开谜团

马王堆一号汉墓的发掘，为揭开这个古谜提供了大量的实物证据。

墓中出土的不少器物上写着“车大侯家”三字的铭名，缄封着“车大侯家丞”的封泥。封泥的用法就如现在密封加盖火漆印一样。车大侯家丞就是侯家里的大管家。在一个漆奁里，还发现了一枚印章，刻有“妾辛追”三字。根据这些实物和文献记载推断，马王堆一号汉墓应该是汉初一个列侯——车大侯的家属，很可能是某一代车大侯妻子的墓葬。它的年代，不仅比楚王马殷的时代要早1000多年，就是比长沙定王刘发的时代也要早几十年。但是，还有人引证了一些文献记载及发掘实例，坚持认为是“双女冢”。但马王堆二、三号汉墓的发掘，终于使谜团解开：马王堆三座墓葬确是西汉初期车大侯家族的墓地。

考古工作者从马王堆二号汉墓意外地获得了三枚印章：一枚玉质私印，刻着篆体阴文“车大利苍”三字。另外两枚是明器官印。明器也叫冥器，是为随葬而专门制作的器物。这两枚印，都是铜质龟纽鎏金，分别刻篆体阴文“车大侯之印”和“长沙丞相”。这足以证明墓主是死于吕后二年的第一代车大侯、长沙诸侯国丞相车大利苍。

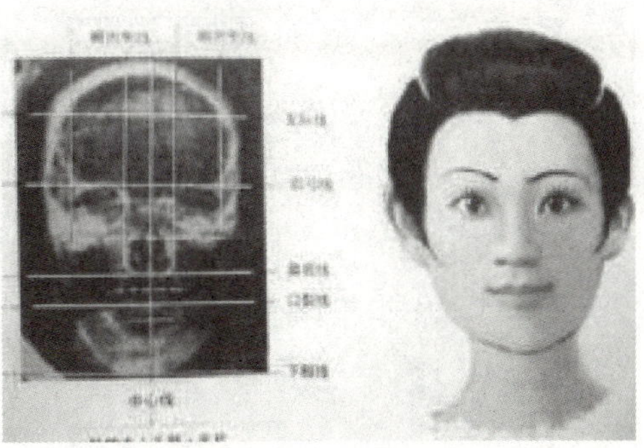
马王堆女尸 30 岁时的复原图

一号墓的女尸，虽然大多数人认定是车大侯的妻子，但侯是世袭的，一共传了四代，究竟是哪一代钦侯的妻子呢？起初并没有充分的证据加以确定。在考古专家弄清二号墓墓主之后，这个问题就迎刃而解了。一、二号墓墓道两相平行，都是正北方向，两个墓的中心连线为正东西向，这正是汉初流行的夫妻不同穴合葬的格式。利苍葬在西边，女尸埋葬在东边，正符合当时“尊右”的习俗。因此，一号墓墓主，毫无疑问就是第一代车大侯利苍的妻子。经对女尸解剖研究，推断死亡年龄在 50 岁左右。

三号墓中出土器物上的大量“车大侯家”铭文和“车大侯家丞”封泥，表明埋葬着的也是车大侯家属中的一员。这座墓在利苍妻的下首，按封建社会礼俗，应是她的后代。发掘时发现墓室四周的青膏泥填塞封固未严，棺内尸体已经腐朽，但还存留骨骸。经鉴定为男性，年龄约 30 多岁，可以推定是利苍和他妻子的儿子。有人猜测，三号墓里葬的或许就是第二代车大侯。第二代车大侯，按史书上的记载，叫轶利，死于汉文帝 15 年（公元前 165 年）。而在三号墓出土的一块木牍上面记着：“十二年二月乙巳朔戊辰，家丞奋移主葬郎中，移葬物一编，书到先撰，具奏主葬君。”这块“告墓牍”实际就是当世官吏致“阴曹地府”的过所放行条，它上面明白地写出该墓葬于十二年二月戊辰这一天。经文物考古工作者研究，认定是指汉文帝 12 年（公元前 168 年），“二月乙巳朔”，即二月初一是乙巳日，这正符合汉初使用颛顼历的朔闰。“戊辰”是 2 月 24 日。意思非常清楚，该墓葬于汉文帝 12 年颛顼历 2 月 24 日。既然如此，怎么会是死于汉文帝 15 年的第二代车大侯利的墓呢？合理的解释是：三号墓墓主人应是利苍和他妻子的另一个没有继承爵位的儿子，车大利的兄弟。

长沙马王堆汉墓的神秘药水之谜

长沙马王堆一号汉墓的发掘，在我国考古界算得上是惊人的发现，在世界考古学史上，也产生了深远的影响。这是因为，时隔2000多年，墓室的女主人的尸体以及葬具和附葬品，都保存得格外完好。特别是女尸，在刚刚发掘出来时，皮肤还有弹性。这几乎是令人难以置信的，然而事实就是如此。那么，古人是采用何种办法，使古尸保存得这样完好呢?

经过分析、研究，人们似乎发现了这样几个原因。

首先，是近似真空的墓室条件。墓室筑在深达16米的地下，上面还有底径50～60米，高20多米的大封土堆，不透气，不渗水，封闭极严。而尸体又殓入多达6层的厚木板涂漆棺椁之中，棺椁四周采用黏性和致密性很强的白膏泥、吸湿性很强的木炭填实。这层层“关卡”，使得水与空气的侵蚀

古尸不腐的秘密

无能为力，从而造成了一种与外界隔绝的独特环境，近于真空或即是真空。

其次，人们在棺椁中发现了一种红色的液体。这种液体无疑具有防腐的作用，是入葬时特意注入的防腐剂。这种特殊的防腐剂，可以杀死尸体和随葬品入葬时附带的细菌。在中国古代的药物书中就有关于防腐剂的记载。但是，这种红色液体究竟是由哪些物质构成的，至今还是个未知数。

最后，在墓室密封之后，不但可消除外界光线、温度、湿度等对于葬具、随葬品和尸体的损害，而且在墓室里形成了恒温和相对稳定的湿度，使整个墓室处于一个固定的环境之中。更绝妙的是，当初发掘的时候，人们用探铲往墓室里打洞，结果从里面喷出了很强的气流。这种气流的急剧喷出，说明墓室内的大气压高于墓室外面。这种气流是由于开始下葬时带进去的细菌的作用所产生的沼气，沼气的积聚达到饱和，就会加大墓室内的压强。饱和的沼气对于细菌有杀伤作用，而高压也同样使细菌无法生存，这与充气罐头的杀菌道理是一样的。

此外，专家还分析了其他方面的原因，说起来也都不无道理。但对于棺葬中的红色液体究竟为何物，却无人能辨析出来，不知这一奇异的谜何时才能解开。

盘古洞惊现人世间

沅陵，在中国的版图上只是一个小得不能再小的圆点，可就是这个小小的圆点竟引来无数的游人来此观光旅游，而且前往该县丑溪口乡荔溪口村的一个小山洞里观光旅游的人是络绎不绝，这是怎么一回事呢？

百万年前“盘古洞”被发现

石床洞穴的发现，吸引了社会各界人士关注的目光。在短短几个月的时间内，就有数百名专家学者前往古洞进行实地调查研究。经过考证，这个神秘的古洞就是神话中的盘古居住地。沅陵县是盘古的故乡，其实早在1000多年前的《水经注》等诸多典籍文献中就有记载，尤其是晋代的《荆洲记》记载说：“沅陵县居西口，有上就、武阳二乡，惟此是盘古子孙。二乡在武陵之北。”这里所说的二乡的范围，就约为今天的沅陵县丑溪口乡。

纵观诸多史料都有充分理由说明，沅陵的盘古就是开天辟地的盘古。盘古是中华民族的始祖之一，他就在沅陵，这是谁也争不去的。

盘古开天非神话

中华自古就有“盘古开天地”之说。然而，盘古到底是远古人类的精神图腾，还是炎黄之前的一代始祖？千百年来，留给世人的只是一个古老的谜。有关专家通过对沅陵县丑溪口乡境内新发现的一处古洞穴居住遗址和大量史籍资料考证，一致认定盘古并非神话人物，他是一位带领人类走出洞穴、

走向文明的真正历史英雄。沅陵就是中华始祖盘古的发祥地。

长期以来，“盘古开天地”只是神话传说。虽然有不少史籍载明沅陵为盘古的故乡，但因没有盘古生活实物遗址佐证，始终成为一个千古之谜。

一把石锁锁住千年秘密

自从盘古开天地，经历三皇五帝到如今。多少年来，盘古开天辟地的故事只是流传在我们生活中一个可望而不可即且长达千百年历史的神话。

盘古像

2002年夏天，沅陵县丑溪口乡荔溪口村几个狩猎的村民在荔溪口村半溪山腰的一个乱石丛生的古洞中意外地发现了一把大石锁。这把大石锁呈金字塔形状，大约有几百斤重，有50多厘米高，底部呈正方形。在石锁的顶部，有一个拳头大小的圆孔，是用来插锁栓的。石锁被发现时，倒插在石洞的乱石之中，几个狩猎人将它挪动位置后，又惊奇地发现它原来是紧锁在一个半米见方的洞穴口上，在其底部，还发现另有一个神秘的洞穴。

这意外的发现，使几位狩猎人心中不禁产生了几分神秘感，怀着忐忑不安的心情，他们不约而同地走进了这个神秘的古洞。

不看不知道，一看真奇妙。走进洞中，他们发现洞内有56张石床很有规则地排放在一起。石床是由一块块厚薄一样的石片垒筑而成的。更为奇怪的是，在一张石床上面，天然形成了一根两人合抱的钟乳石，足有两米多高。如果按照钟乳石形

场面激烈的赛龙舟

成的速度来推算，这根钟乳石至少已经有了上万年的形成期，那么下面的那张石床距今又有多少年的历史呢？

经专家实地考证认为，洞穴内石床的材料均来自洞外。根据钟乳石的形成期，可以推算，万年以前就有人在此活动过，并人工地搭建了一张张石床。洞内除了千姿百态的钟乳石外，还有古人居住时留下的石灶和陶器碎片等。由此可推断，至少在宋代人类在此居住过。

浪里龙舟祭盘古

盘古是否真有其人？其实从沅陵当地源远流长的龙舟文化之中可以得到充分的佐证。

每年的五月端阳节，沅陵人就会自发地组织举办龙舟大赛。

在历史教科书中大凡都有这样的记载：五月端午节赛龙舟，是为了纪念战国时期楚国大夫屈原。据《湖南通志》记载：龙舟竞渡，最早始于武陵。从而可以推断沅陵的龙舟历史比大夫屈原所处的六朝时代还要早数千年。

又据史料记载，早在屈原怀沙自沉汨罗江之前，沅江一带就有了划龙船的习俗。屈原在留给后人的诗文里，多次描述过他在沅陵时见到的赛龙舟场面。屈原大夫还认为，沅陵人划龙舟，并不是一种简单的体育竞赛活动，而是一种祭祖活动，这个“祖”就是我们平时所说的“盘古”。

在沅陵还流传着这样一句脍炙人口的民谣：人家划船祭屈原，我划龙舟祭盘古。前者“纪”在《辞源》里解释为“用事物或行动对人或事物表示怀念之意”，后者“祭”解释为供奉鬼神之意，从这字里行间我们也可以看出沅陵赛龙舟实际上就是对盘古一种深深地祭祀活动。

沅陵巨型古墓群之谜

初步探析沅陵古墓群

2000年5月，考古专家曾对湘西大山区沅陵县的40多座大小山头进行测试，结果发现每座山头都是一座巨型墓葬，其年代在战国至汉代之间。墓葬规模大致在40米×40米、20米×15米左右。

巨型古墓因保护技术不足，发掘资金匮乏，故一直没有打开。考古专家称，古墓除个别山头有少许塌陷外，均没有被盗。那么，沅陵曾经是一个怎样神奇的地方？为何会有如此巨大的墓葬群？

太常乡窑头村是一块类似半岛的土地。这里就是秦时黔中郡的遗址，占地6万亩。放眼黔中郡遗址东南面山顶，有一座座山丘，每一座山丘就是一座巨型墓葬，气势非凡。

专家们又将古墓与黔中郡联系起来。为什么古墓会在黔中郡古城遗址旁边？

关于黔中郡，史学界有两种说法：一说是秦始皇置分天下为三十六郡之一的黔中郡；一说是公元前277年，楚立黔中郡，比秦始皇统一中国还早半个多世纪，但在西汉初年改为武陵郡，仅存75年。虽然两种说法的置郡时间不一，但有一点是相同的，即郡城都为太常乡窑头村，与志书所载“郡城在城西二十里”相同。

20世纪80年代中期，省、县两级考古队在巨型古墓葬山下的那片平原挖出了战国古城遗址，古城城墙深埋地底，小部分至今仍凸出地面二三米，考古队剥离出了当年夯土城墙的原貌，城墙厚约 8 米，护城河轮廓清晰，基本保存完好。

古城出土了大量战国时期的绳纹板瓦、滴水瓦当、陶钵等物，并在古城周边小丘陵上发现了 1000 多座战国时代的平民墓，通过对其中 200 多座进行发掘，出土了大量的铜戈、铜镜、铜箭镞等陪葬品。

有的考古专家认为：这一浩大的秦始皇时代城池和 1000 多座古墓葬，构成了一幅秦时代的历史画卷，无异于“江南秦始皇兵马俑”。

因此有人认为，无论黔中郡属楚属秦，古墓产生的时间应在郡治时间之内，墓主很可能就是郡王。但这只是一种推断。

还有一种可能，即墓主为夜郎王。因为在战国至汉代的数百年间，沅陵有很长一段时间为夜郎古国的文明中心。

沅澧流域的地理优势和文化渊源

近 20 年来，沅陵重大考古发现接二连三，出土各类文物万余件，大部分为春秋、战国时代遗存。仅近几年发现的战国至汉代的墓葬就有 1300 多座。这也说明当地在商、周、秦、汉时期十分繁荣。

沅澧流域还是我国稻作文化的主要发源地，可考的历史近 7000 年。可想而知，战国时期沅陵农耕十分发达。有人说他们能耕田是被逼出来的，因为他们要供养庞大的军队。汉王朝“窃闻夜郎部所有精兵，可得十余万”足见一斑。既然沅陵曾是夜郎古国的文明中心，而沅陵有夜郎王的陵墓也在情理之中。

宋前古墓未解之谜

吴王阖闾墓之谜

公元前550年，吴王阖闾死后，夫差即位，并为其父在海涌山修筑坟墓。葬完阖闾三日后，有人见一白虎踞蹲坟墓之上，遂起名为虎丘。到唐朝，因避唐太祖李虎的讳，曾改名为“武丘”，宋朝以后才复称“虎丘”。

据《越绝书》记载：“阖闾之葬，穿土为山，积壤为丘，发五都之士十万人，共治千里，使象运土凿池，四周广六十里，水深一丈，铜火三重，倾水银为池六尺，黄金、珍玉凫雁。”此外，还陪葬了3000柄鱼肠剑。

相传，吴王阖闾这位2500年前春秋时代吴国的国君就埋葬在虎丘剑池里。剑池两岩峭壁如削，藤萝斜挂，上跨正桥，下临深渊，是虎丘著名的一景。据《郡县志》记载，秦始皇时，为求珍异，曾在虎丘凿石寻找吴王墓，结果莫知所在。三国孙权时，又穿石找寻，亦一无所获。其凿石处，遂成深渊，变成了今天的剑池。

吴王阖闾墓之谜，在阖闾下葬后即已产生。虎丘另一名胜“千人石”，相传就是吴王夫差葬父后，怕工匠们泄露坟墓的秘密，而杀死全部的筑墓匠人。如今“千人石”断面色泽略带有暗紫色斑驳的痕迹，据说是被害者的血迹，这给吴王墓又添一分传奇的色彩。剑池下面究竟有没有吴王墓？

据地方志记载，剑池上面东石壁洞处，折向朝南的山崖上又刻“蛟龙听法”四字之上，有明朝时苏州解元唐寅、宰相王鏊等人的石刻记事。内容说：

“明正德七年（公元 1512 年）剑池水涸，在池底发现了吴王墓，二千年神秘一旦显露可悼也。”当时由几个县令派人把墓穴的洞穴用泥土淹没了事。王鏊还写了一篇《吊阖闾赋》表示感慨之情。

由于历史上常有人坠落剑池溺死，剑池便附会了不少神话传说：说什么深不可测、下藏飞刀等，故一直无人敢下池探险。

1955 年，为了进一步弄清剑池下面的奥秘，苏州市文管会和园林部门曾将积水抽干，在地底北首斜坡下淤泥淹没的岩石中，发现了一个上锐下广的三角形洞穴。洞中有一条 10 米长的古甬道，可容一人出入，举手可摸到顶，从上到下方正笔直，从而可知是开山劈石而凿成的。甬道尽头为一喇叭口，前有 1 米多隙地，可容 4 人并立，当面有石灰石凿成的长方形石板 3 块，1 块平铺埋土脱榫，斜倚在第 2 块上，第 3 块上有凸出如饭碗口大的铁锈疤 1 个。这 3 块大青石板，无疑就是墓门了。据形制分析，这是一种洞室墓，剑池表示为竖穴，南北向，池底的石穴是洞室的通道，符合春秋战国时代墓制的形式。由此也可考证，虎丘剑池形成是由人工凿成，是为了掩护吴王墓而设计的。因此，所谓秦始皇、孙权穿凿成涧的说法是没有根据的。

由于所推测的吴王阖闾之墓的位置，正好在虎丘塔的基岩下面，所以发掘工作只得停止下来。作为春秋末年五霸之一的吴王阖闾之墓到底是什么样的？在未经考古发掘之前，还是一个谜。

九连墩古墓迷雾重重

20世纪30年代，安徽寿县的楚幽王墓被军阀盗掘，出土了大批珍贵文物，安徽省博物馆收集了劫后余生的700余件文物。

20世纪50年代，湖南长沙考古工作者发掘了1000多座楚墓。

20世纪60至70年代，湖北的江陵望山、藤店、雨台山、赵家湖等地又发掘了1000多座墓葬，其中包括湖北天星观大型楚墓和河南淅川的9座大中型楚墓。河南淅川发掘的一批春秋时期楚墓，是目前我国发掘的时代最早的大型楚人墓葬，这座墓的发掘揭示了楚文化由北向南发展的足迹。楚墓的重大发现层出不穷。马山一号墓出土的大量丝织、刺绣珍品，堪称战国丝绸宝库。包山二号楚墓出土了我国最早、保存最好的漆画。

1993年发掘的郭店一号楚墓出土竹简800余枚，其中简本《老子》是迄今为止所见年

被挖掘的九连墩全景

代最早的《老子》传抄本。

而九连墩古墓说不定又是一个楚墓之中的地下宝藏。

九连墩的历史传说

九连墩古墓群位于湖北枣阳市境内的东赵湖村，相传古时候有一个清正廉洁的大臣，其为人耿直，刚正不阿，为此得罪了不少贪官污吏，被视为眼中钉、肉中刺。后因其直面进谏，惹得皇帝不高兴，贪官污吏借此机会大加陷害，皇帝一怒之下，斩下了大臣的头颅。贪官污吏为解心头之恨，毁了大臣的头颅。事后，皇帝幡然醒悟，悔恨自己错杀了忠臣，下令厚葬大臣，然而，再也无法找到大臣的头颅。皇帝遂下令为他铸造了一颗金头。为了不让盗墓贼盗走金头，皇帝又下令，在大臣下葬的当夜，建造了九座相同的坟墓。

九连墩一号墓主到底是治国安邦的帝王，还是威震一方、驰骋疆场的将军，或是神机妙算运筹帷幄的大臣？这仅仅只是一种传说，还是尘封已久的历史之谜？古墓主人的官职身份、经历业绩、感情生活、死亡原因都让人争论不休，猜想无限。

1992 年，“九连墩”被列为湖北省文物保护单位。在此之前，谁也不知道九连墩古墓下葬的具体时间，更不知道墓里埋了什么人。为了保护文物，孝襄高速公路修建时，在设计上极力想绕开墓墩。

2002 年 9 月中旬，考古工作人员依照预定方案，在对九连墩一号墓冢周围进行勘探时，又在一号墓北侧发现了二号墓。

2002 年 12 月 23 日，湖北省文化厅宣布，九连墩两座古墓出土文物近 1000 件，并发现了目前我国南方规模最大、保存最完好、最壮观的车马坑，称这次考古是湖北省自新中国成立以来最大的考古发现。这消息传出后，引起极大轰动，九连墩古墓发掘随即成为人们关注的热点。

名不见经传的东赵湖村成为焦点。据当地村民介绍，九连墩上的土质与周围的黄黑土不同，是从别的地方运来的。墩上的泥土黏性强，可以用来打土坯、砌墙，不会干裂，而其他地方的泥土则是晴天干裂，雨天粘鞋。

三号冢上曾被盗墓贼打洞盗挖，幸好村民发现后及时报案，公安机关迅速出动警力将盗墓贼抓获，使九连墩古墓没有受到大的破坏。

九连墩距出土大型编钟的随州曾侯乙墓60公里左右，与汉光武帝刘秀故里相距不超过10公里。因此，九连墩古墓的发掘很可能会有惊人发现，出土的大量价值极高的文物，将为研究楚文化和楚史提供更多的珍贵资料。

墓葬时间之谜：战国中晚期楚国墓葬

九连墩古墓到底葬于何时？是哪国墓葬？

据专家介绍，战国时期的楚墓一般为土坑竖穴，很少为洞室墓，方向有较强的规律性。中层贵族以上的楚墓，墓坑上都有封土。而九连墩在当地就是9个突出地面的土岗的俗称。封土的大小一般预示着墓的大小和墓主人生前身份的尊卑。封土和填土均经夯打，靠近棺椁均填青膏泥或白膏泥，用来密封，以保护棺椁内物件。墓愈大，封土、填土选择愈严格，青膏泥或白膏泥填得愈厚。

在已发掘的6000多座楚墓中，均不见棺椁上土中有积石积炭情况，这是楚墓与中原地区墓葬的一个显著区别。

九连墩古墓有14级台阶，一级一级向下直至墓底。拥有台阶和长斜坡墓道是楚墓与中原地区大型墓葬的又一个区别。战国楚墓中上层贵族墓圹，往往有多级台阶，台阶一级一级往下收缩，直至棺椁。这种台阶可能与防止崩塌有关。因为在土质较为疏松的地区修建大型墓葬，掘进较深，就容易崩塌，只有做成台阶状。还有一些地方，由于地下水位较高，不便向地下掘进较深，台阶除了向下挖掘数级，还从平地向高处一级一级夯筑出来。显然这是为了表现一种传统的制度，即为了显示身份。墓主身份越高，权势越大，墓坑越深，台阶越多，墓道越长。

战国楚墓中较高层的贵族一般椁分多室，棺有多重。九连墩战国古墓一号墓就分为东、西、南、北、中5个椁室；安徽寿县楚幽王墓据反复推测，椁多达9室；河南信阳长台关一号墓与江陵天星观一号墓椁分7室，椁室一般为长方木垒成。

经过缜密的分析，并结合以往考古发掘的经验，考古专家最后确定，九连墩古墓为战国中晚期楚国墓葬。

墓主身世之谜

九连墩古墓墓主到底是什么人？这两座墓是夫妻墓？还是父子墓？或者是兄弟墓？他们生前官居何职？功绩如何？有什么喜好？面对人们的种种疑问，专家们还要对墓内出土文物进行仔细研究，尚不能妄加猜测。

根据已发掘出土的国内最大的车马坑及封土的大小等情况综合分析，现场专家认为，一号、二号墓可能为夫妻异穴合葬墓。一号墓主生前身份可能在“封君”以上，至少也是地位很高的贵族。

“封君”是当时楚国的核心领导层成员，是楚国的一个特权阶层，由楚王赐予封邑，可以在封邑内征收赋税，衣食住行方面

古墓群主身份之谜

自给自足。“封君”不仅占有封地，经济上拥有特权，而且拥有自己的武装，可以在自己的封邑内筑城建邦。封号和封地虽可以世袭，但不是独立王国，所受封邑必须接受国家法令的约束，国王随时可以削封。“封君”死后，一般葬在自己的封邑内。

有人认为，九连墩古墓墓主与当年的曾侯乙墓主人唐国国君的身份相近，因此墓主人很可能也是当时楚国附属国唐国的国君。

九连墩所在的枣阳吴店镇处于南阳盆地东南边缘，向南越过丘陵地区是楚国核心控制区江陵，向东就是随州境内的随国、厉国，向北就是现河南唐河县的蓼国，向西是位于襄樊的邓国。学术界认为唐国也在随州市境内，现在看来，在随州市这么一个地方不可能有三个小国，而枣阳吴店镇周围刚好是一盲区，现在还有名为唐店、唐城的小集镇，因此吴店有可能就是当时唐国的所在地。

对于墓主身份的确定，考古专家表示，保存完好的楚墓中通常会出土竹简，如果九连墩古墓如同江陵天星观一号墓一样，在棺椁内随葬的竹简、棺板上有明确文字记载，那墓主人的身份将很快得到确定。否则，还要对随葬品做深入研究后才能进行科学的推测。

墓葬被盗之谜

在对一号墓的发掘中，考古工作者首先在封土层发现了盗洞。这座古墓是否被盗，成为萦绕在考古专家心头的一大谜团。

随着考古发掘工作的层层深入，关于这一谜团的争议仍在继续。墓底西南角已经有坍塌，从南椁室出土的大量漆木器大都被压碎，保存完整的不多。而在存放棺木的中椁室和存放青铜礼器的东椁室、存放乐器的北椁室、存放日常用品的西椁室，大量文物保存完好。

随着对南椁室的清理，专家们有了初步的判断。在南椁室对应盗洞的范围内，没有器物。并且在墓室的东南角发现了杂乱的“五花土”，这都说明这座墓已经被盗过。盗墓者从墓顶打洞，打穿封土层、青膏泥层，直到南椁室，取走了部分随葬品。对于那些被压碎的漆木器，是由于地下水位的变动升高，大量淤泥涌入椁室内造成的。

虽然南椁室被盗，但整体损失不大，南椁室中仍出土了不少漆木器以及铜制的马衔、马饰等。盗墓者没有打通别的椁室，据推测，可能是由于地下水位较高，因而盗墓者没有继续挖下去。专家还推测，盗墓时间可能较早，至少是在墓葬没有祭祀和专人看管之后，估计是在汉唐时期。由于盗墓者没有留下任何物品，因此其年代还有待进一步研究。

青铜器

随着考古发掘的深入，距一号墓仅 20 米远的二号墓的椁盖板上还没有发现盗墓的痕迹，专家估计此墓应当没有被盗。

墓内“宝藏”之谜

楚国立国 800 年，对外扩张历史长达 530 年，共灭国 61 个，曾“抚有蛮夷，奄征南海，以属诸夏”。到战国中期，楚国处于全盛时期，疆域极其广阔，几乎占据中国整个南方。九连墩所处的“沮、漳、江、汉”地区，当时是楚国统治中心，这一地区也是楚墓葬分布的主要区域之一。九连墩古墓内到底埋有多少价值连城的宝藏?

从目前发掘的情况看，九连墩古墓是战国中后期、楚国鼎盛时期的墓葬，墓葬规格很高，可推测其主人是当时进入国家决策核心、地位很高的人物。目前，已经出土了国内规模最大、保存最为完好、最壮观的陪葬车马坑，并有大量漆器、铜器、玉器、乐器及丝织品等陪葬品。

早在宋代，就有楚墓被盗掘和文物出土的记载。吕大临的《考古图》中就记录了楚工逆钟等几件楚国国君所用的青铜器。自新中国成立以来，在湖北、湖南、河南、安徽、江西、上海等地，已累计发掘楚墓6000多座，这些楚墓在发掘时大部分已被盗或被毁。

龟山汉墓四大千古之谜

1981 年 2 月，我国江苏省徐州市九里经济开发区境内的龟山西麓，当地群众开山采石时发现了一座古墓。经鉴定为西汉第六代楚王襄王刘注的夫妻合葬墓。

1981 年 11 月和 1992 年 11 月，南京博物院会同徐州市文化局先后对北墓道及整个墓葬进行清理。1985 年，在文物普查工作中征集到该墓出土的刘注龟钮银印，从而揭开了墓主人的身份之谜。龟山汉墓第一期保护工程 1992 年 7 月筹建，于 1993 年 6 月竣工。

龟山汉墓为两座并列相通的夫妻合葬墓，其中南为楚王襄王刘注墓，北为其夫人墓，两墓均为横穴崖洞式，墓葬开口处于龟山西麓，呈喇叭形状，有南北两墓道，墓室由人工开凿而成。每条通道长 56 米，高 1.78 米，宽 1.06 米，沿中线开凿最大偏差仅为 5 毫米，精度达到 1∶10000，南北通道相距 19 米，夹角为 20 秒，误差是 1∶16000，通道地平面，内外高低相差 527 毫米，呈 1∶100 的自然坡度，是迄今为止世界上打凿精度最高的通道。每条通

龟山汉墓室内

龟山汉墓外景

道有26块塞石，分上下两层堵塞，每层13块，每块塞石重达六七吨。墓室共15间，室室相通，大小配套，主次分明。墓葬东西全长83米，南北最宽处达33米，总面积达700余平方米，容积达到2600多立方米。此墓工程浩大，雕凿精细，气势雄伟，实为世界罕见，中华一绝。

此墓不光建筑设计雄伟、奇巧，还洋溢着雄浑恣肆的楚汉雄风，更令人叹为观止的是龟山汉墓中包含的高科技文化之谜，至今仍无人破译。

一是汉墓的精度极高，且墓道两壁都磨如平镜，其施工水平令今天的建筑师拍案叫绝。当时生产力非常低下，生产工具仅为铁器，汉代的工匠如何修建这样的墓道，此为汉墓千古一谜。

二是龟山汉墓为典型的崖洞墓，其15间墓室和两条墓道总面积共700多平方米，容积共达2600多立方米，几乎掏空

塞石

通道

了整个山体。汉时勘探技术是如何掌握这个龟山的山体石质和结构，从而使建筑施工得以顺利进行的，此亦为千古一谜。

三是刘注夫人墓室的前厅和棺室及石柱上都分别留有乳头状石包，且分布走向呈不规则排列，绝非几何式的工艺点缀，这到底是什么意思呢？有人说它代表了厅堂内照明用的灯盏，有人说它乃为上天星宿分布，还有人说其为楚襄王刘注上应天星，但楚王墓室顶部却又没有，细考虑，以上之论均不能自圆其说，这些乳头状石包到底是什么意思呢？此也算千古一谜。

四是楚王棺室北面墙上清楚地显示着一位和真人一般大小的影子，它身着汉服，峨冠博带，手捧一物似从西面走来做迎宾状。由于这一现象出现于楚王棺室，人们把这景象叫做“楚王迎宾”。但奇怪的是这一现象在该墓刚刚发掘时并不存在，而是在正式对外开放时逐渐形成的。最初是夏天天气炎热，墓内渗出水时恍惚有个影子，慢慢地冬天干燥时也常常出现。现在则非常清楚，准确地留在壁上，每天都向前来参观的人拱手相迎，到底是什么原因造成这一现象的呢？有人说是长期渗水形成的，但渗水面积很大，为什么影子外渗水处没任何痕迹呢？也有人说是由于岩石石质不一而形成的，但同样是整个山体的一块石头，并无拼接之处，而它为什么偏偏又出现在楚王棺室呢？此为汉墓影响最大的一谜。

洛庄汉墓千古之谜

洛庄汉墓坐落于济南章丘枣园镇洛庄村西一千米处。

因附近修建公路，农民取土时挖出大量铜器而被发现。章丘市博物馆工作人员及时进行了紧急清理。后来经山东省文物局批准，考古专家们进行了进一步调查和清理，断定这里是一座大型汉代墓葬。经当时清理发掘，共发现 9 个陪葬坑，并从中出土了众多珍贵文物。其后，新的陪葬坑不断被发现，截至目前已经发现并发掘了 33 个陪葬坑。从陪葬坑的数量上看，洛庄汉墓在国内已发现的西汉诸侯王墓中是最多的一座。而根据现在的情况看，还可能有陪葬坑未被发现。

从这 33 个陪葬坑里，已经出土各种文物 3000 多件，其中有精美的纯金器，也有象牙、青铜器、铁器、陶器等文物，而从乐器坑中出土的大型编钟、石磬等珍稀乐器更是具有极高的价值。另外，该墓面积达 1295 平方米的主墓室正等待进一步发掘。

考古人员在抢救性考古调查和发掘过程中发现了许多扑朔迷离、令人百思不解的谜团。

洛庄汉古墓出土的编钟

洛庄汉墓墓主之谜

济南洛庄在西汉初期属于齐国济南郡管辖，在吕后执掌朝廷实权后便将济南郡划出来命名为吕国，定都平陵城，并且分封自己的亲侄子吕台为首任国王。

这座汉墓的墓主人是吕台的可能性极大。在发掘过程中，墓中出土了四组吕国的封泥，有封泥就说明这个墓葬和吕氏、吕国有关系。从地理位置来说，这个墓葬距离平陵城很近，只有 6 公里，墓葬在平陵城的正东方。古代帝王王陵一般都在都城附近。

史书记载，吕国国王吕台死于公元前 186 年，而在公元前 189 年，齐国国王、汉高祖刘邦的长子刘肥也因病去世，而在当时洛庄一带仍然属于齐国管辖。由于吕台和刘肥去世的年代相近，而且在出土的许多青铜器上面刻都有齐国的文字，因此有一些专家对墓主人的判断更倾向于这位汉代皇子。

此外，这个墓是东西走向，

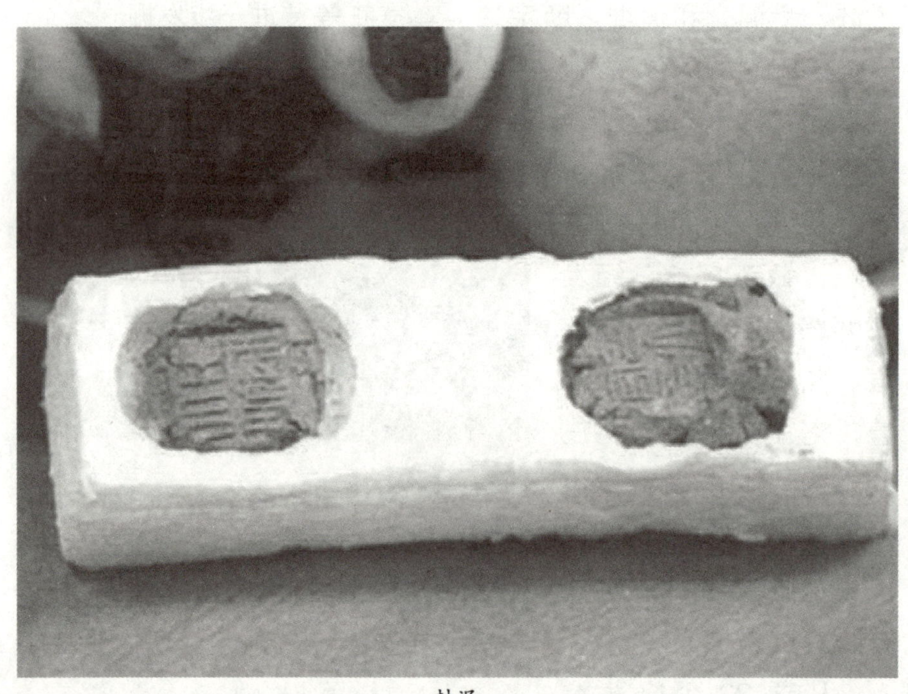

封泥

洛庄汉古墓出土的鎏金马饰

东墓道明显长于西墓道，这就证明墓主人可能是从东方过来的，因为齐国国都临淄就在东边。再就是出土的铜器上的所有铭文都是刘氏的。而封泥仅相当于现在邮寄东西的封签。

在判断汉墓墓主人方面，封泥和铭文的作用同样重要。除此之外，判断一个墓的主人还要从它的地理环境、年代，当时的社会因素综合起来考虑。但无论墓主究竟是谁，这座规模庞大的汉墓都具有极高的研究价值。

9 个两边对称弯道之谜

清理完毕洛庄汉墓主墓室顶上面的耕土层以后，整个轮廓暴露出地面，主墓呈“中”字形。但令人称奇的是，东西墓道在向主墓室靠拢的过程中出现了 9 个两边对称的弯道。类似的弯道在国内考古发掘中还从未出现过。究竟为何会设计这种没有实际用途的弯道？而且，在前后历史时期均没有类似发现，尤为让人称奇。

“巨车辙印”之谜

考古工作者清理长达 100 米的东墓道时，在坚硬的封土层上发现了几条清晰的车辙，其中两条相距 1.5 米。但是另外两条车辙却宽大很多。这些绝非车马坑中的马车留下来的。为什么会出现这些奇怪的车辙，而且轧在并非运输线路的、坚硬的封土层上。这都是难解之谜。

出土铜器之谜

从洛庄汉墓出土的古铜器可以说是保存最为完好的，有许多甚至看不到锈蚀。而许多比它晚 1000 多年的却早已锈烂。但是与相同规模和级别的

洛庄汉古墓出土的鎏金饰品

汉墓相比，洛庄的铜礼器种类却不全。对于规章要求严格的诸侯王墓来讲，理应种类俱全，但为什么会出现这种情况，目前无法知晓其原因。

陪葬坑之谜

判断墓主人是谁的最重要依据就是看墓中有无印章。陪葬坑内出土了多枚“吕大官印”。但同时，墓中其他陪葬坑中又发现了“齐大官印”（即齐国国王的印章）。而后，还发现了更多国家的厚重的陪葬品。离得相当遥远的齐国等国家的器物为何会出现在墓中呢?

随后又提出了更多的疑问：纵观整个古墓，主墓室酷似保龄球瓶形，而这种形状在墓穴中可以说是绝无仅有。此外，在一件出土的编磬上发现了“最”字，至今也未搞懂它是如何刻上去的。

西汉古酒飘香之谜

陕西是中华民族极其悠久文明的发源地之一，曾有周、秦、汉、唐等 14 个王朝在此建都，故这块土地承载着太多的历史记忆，素有“天然历史博物馆”之称。一位历史学家曾十分感慨地说：陕西真是个风水宝地，一不小心就会弄一个轰动全国甚至全球的宝物出来。

古墓侧室藏有千年美酒

考古人员在西安市北郊文景路中段（汉长安城遗址东南角 1 公里处）勘探时，发现这里共有 3 处西汉墓葬，从墓葬的形制推断，其中一座不是一般的平民墓葬，而是一座西汉早期的大型积炭墓。这处大型墓葬的墓区呈长方形，由墓道、墓室和侧室组成，斜坡墓道长达 40 多米，墓室中有大量用于防潮的木炭，最厚处达 2.6 米。但是，考古人员在墓道、墓室的发掘中却无收获。当主墓室清理完毕后，只发现了墓主的头骨和 100 块玉片，这令考古工作者大失所望。根据墓道内的十多个盗洞，考古专家估计这处墓葬曾被盗十多次，大量的有价值文物已在两千多年的风云变幻中被盗墓贼洗劫一空。

数月后，考古工作者打开了该墓葬内唯一的侧室，并对侧室进行了例行性清理。但进入侧室后，现场的考古工作者却大喜过望。由于这个侧室比较隐秘，故室内的随葬器物有幸免遭盗墓贼的摧残，保存得相当完好。在长 3 米、宽 1.5 米、高近 2 米的侧室内，依次

整齐地排放着2件铜钟、4件鼎、2件盆、1件鉴等共计18件大型青铜器，还有5个精美的陶壶。在西汉古墓中一次出土这么多的青铜器实属罕见。历经2000多年岁月的磨蚀，这些文物虽锈迹斑斑，沧桑毕现，但仍不失昔日之高贵神韵，特别是两个高达80厘米的铜钟，形体硕大，通体鎏金，密封的顶盖上面还铸有一只嘴内含珠、造型十分漂亮的朱雀，是国内目前发现的西汉时期最高大的铜器，两件铜钟的盖口都用生漆密封着。

当考古工作者小心翼翼地搬运这些文物时，感觉其中一件铜钟（以下称甲钟）格外沉重，且内部有液体晃动，另一铜钟钟腹（以下简称乙钟）上有几处裂缝，搬起来很轻，估计里面的液体已渗漏。由于钟是汉唐时期一种很高贵的盛酒青铜器，所以甲钟里到底存的是什么、会不会有什么石破天惊的发现，骤然成为文物工作者最关注、最渴望解开的秘密……

西汉美酒飘香依旧

这批文物转运到西安市文物保护考古所以后，文物工作者立即开始认真仔细地进行文物清理工作。

首先清理的就是那两件引人注目的铜钟。随着钟上铜锈和积土的慢慢剥离，大家发现甲钟的外壁处也有些许渗漏，并散发出淡淡的酒香，“钟内可能是酒……”这一推断使考古所的上上下下十分振奋。

20世纪70年代，考古界在河北藁城县曾发现过商代古酒，但由于历时太久，酒味已很淡，且酒的存量过少，失去了研究价值，故让专家们抱憾不已。

根据史料记载，西汉时我国的酿酒技术已相当成熟，且饮酒风气很盛，那么，这次考古发现能不能让当代的人们有幸领略两千多年前西汉先祖们的传世美味呢？

文物工作者先清理钟腹有裂缝的乙钟钟盖的铜锈，接着又小心剔除了钟盖密封封口的生漆，乙钟的顶盖被轻轻启开，但钟内空空，什么也没有。在众人期待的目光中，甲钟的钟盖也被轻轻启开，霎时间，一股浓郁的酒香扑鼻而来，经久不散，“酒，是西汉美酒！”在场的专家和文物工作者无不欣喜若狂。钟内满盛青绿色半透明的古酒，色泽翠绿，清亮澄净，醇香悠悠，沁人心脾。在人们激动不已的议论中，工作人员迅速将吸管插入铜钟，将这些两千多年前的陈年古酒徐徐抽吸进备好的药用玻璃容器中，共装了 5 大瓶，总存量达 26 千克。

当天晚上，西安市文物局邀请西安的品酒师、酿酒专家前来考古所，对出土古酒进行初步鉴定。西安酒厂高级工程师仇新印有幸成为第一个品尝两千多年前西汉美酒的今人，他十分郑重地用玻璃杯取了 40 毫升的酒液，激动地细细品味。由于酒液中铜含量较高，几分钟后，他将口里的酒液吐出，满嘴酒香的他迫不及待地向大家描述了酒的味道：“由于铜、盐等的蚀入，所以酒液有明显的刺激感，酒精味很淡，但仍绵软柔甜爽净，没有腐败痕迹，且具一定糖度，不像现代很多酒杂味很重，真是好酒呀！”

为了确保西汉美酒的安全存放，西安市文物局在听取专家意见后，将存放古酒的药用玻璃器皿用黑色塑料袋包裹，置于地下室，以保证古酒不致见光分解。此外，为控制古酒存放的温度、湿度、光度，考古所又专门购买了冰柜。

由于陕西省内当时尚无能测定文物年代的重离子加速器等精密仪器，同时省内机构对酒的酿造原料、纯度和甲醇、乙醇的精确含量等检测技术尚有欠缺，所以，西安市文物考古所 6 名工作人员携带出土古酒的样品，远赴北京进行技术检测。国家文物局对此次检测高度重视，为得到最科学的检测结果，有关方面最终确定由中国食品发酵工业研究院酒类测试研究中心联合其他有关机构，共同进行西汉古酒的测试分析。

半月之后，根据国家权威机构的初步检测，铜钟内的液体属性的确为古酒，但古酒中含有十几种奇特的现代酒类不包含的游离子有机酸，目前，这些游离子有机酸还无法破译。同时，现代酒类中本应有的某些成分，古酒中又没有。中国食品发酵工业研究院的专家称：由于技术、时间等多方面的原因，对出土古酒的检测尚停留在初级阶段，大量谜团尚未解开，科研人员对西汉古酒的成分及制作工艺还有待做更深入的研究。

西汉美酒为何飘香依旧

为此，西安市举办了西汉古酒大型专家研讨会，此次研讨会解开了各界广泛关注的部分谜团：

一是西汉古酒的价值到底大不大？专家学者们一致认为，这次西安出土的西汉古酒保存之好、数量之多是前所未有的，是迄今国内发现的保存最好、存量最多的古酒。西汉古酒的出土是中国考古界、科技界与酿酒界的一个重大发现，为研究西汉历史和风俗礼制以及中国古代的酿酒技术与酒文化提供了可遇不可求的实物证据，堪称国之瑰宝。西汉古酒的出土，也将使中国古代酿酒史上许多争论不休的问题得以解决。

二是出土古酒能否饮用？专家们认为，经过2000余年，西汉古酒的乙醇含量已经很低，由此失去了酒的饮用价值。同时，酒液中含有一定量的铜及其他一些重金属离子，如果饮用会对人体产生一定的危害。

三是古酒为何能存放2000余年之久？据专家介绍，国内名酒茅台、五粮液在一般瓶装密封条件下，只能保存50年左右。而西汉古酒历经2000余年，开封时仍能香气四溢，一方面是由于出土的西汉古酒采用了生漆漆封技术，酒的密封保存技术相当先进，值得今人深入研究借鉴；另一方面则是由于到了西汉时，酿酒工艺已得到了很大改善，酒的酿造和发酵过程延长，使得酒的存储时间相对延长。

四是古酒是黄酒还是果酒？一部分专家认为，根据墓葬年代和初步检测结果，西汉古酒应是黄酒；但另一部分专家则认为，从化验结果看，不能排除古酒系用蜂蜜或葡萄酿造的可能，故很可能是果酒。出土古酒到底是何酒类，尚待进一步研究。

五是墓主的身份到底是什么？有专家认为，根据墓内出土的玉片分析，墓主可能是高级贵族甚至位居列侯；但另有专家则推断，墓主可能是大商巨贾。

六是出土古酒为何呈绿色？一些专家认为，按史料记载，古时的一些酒本身就是绿色，成语“灯红酒绿”即源于此，所以西汉古酒的颜色本来就是翠绿色。但有的专家则不同意这种看法，他们认为，根据鉴定，西汉古酒中铜的含量达1800毫克，出土古酒的绿色应是铜离子的颜色，而铜离子则来自存酒的铜钟。

西汉古酒的面世也给文物考古界提出了一些新的课题。

西汉古酒是文物吗？专家们一致认为，出土的西汉古酒应是珍贵的文物，但由于我国目前尚无液态文物的定级标准，因而目前尚无法为古酒定级。怎样给液态文物定级，这为我国文物考古界提出了一个新的课题。

西汉古酒能保存多久？目前，出土的西汉古酒被存放在地下室冰柜内的药用玻璃器皿中，但这只是初步的保护措施，一些专家认为这种方法并不科学。在长时间之后，古酒是否会发生氧化反应，失去进一步研究的价值？这是许多人十分担心的问题，也给文物考古部门提出了一个值得研究的课题。

据悉，西汉古酒将在有了科学的检测结果之后，经国家文物局批准，将面向社会展出。但依据国家有关规定，从文物出土到考古报告的公布，需要3年零3个月，文物展出则需更长时间。所以，让我们共同期待全面破译西汉古酒的神秘、一睹西汉美酒风韵的那一天能早日到来吧！

聚焦老山汉墓的20个谜

老山汉墓位于北京石景山区的东部，2000年发掘后初步断定为西汉时期的一座王侯级墓葬。

谜之一：古尸骨架是男是女？

考古现场的两位专业工作者认为该尸骨为女性，而在发掘现场的中国社会科学院考古所的潘其风先生根据该尸骨粗壮的肱骨，初步认为是一男性。所以，究竟是男是女，有待于进行综合鉴定，其中包括正面眉弓、下颌骨、耻骨联合等处的外形鉴定或DNA等其他相关技术的鉴定。

谜之二：古尸会是什么人？

有人做出了三种推测，一为殉葬者，二为盗墓者，三为被从棺中拖出的墓主人。还有人否认了第一种推测，认为汉代基本上已没有殉葬。实际上，我国古代的殉葬制度直到唐代还有，一直到明英宗时才予以废除。不过，殉葬又分为很多种情况。按照汉代王与王后“同地分葬”的定例，假如是王的殉葬者，那绝不是王后，而有可能是臣子、姬妾、随从、仆人之类的人。如果随葬的姬妾等人数较多，那还有可能在附近专设一座小型的随葬墓穴。

在《汉书·武五子传》中称刘旦被赐死后，“夫人随旦自杀者二十余人”。

假如古尸是被从棺中拖出的墓主人这种说法成立的话，如果是男，则是王；如果是女，则是王后，同时还可证明棺已遭到破坏。

谜之三：古尸骨架怎样原样运到实验室去？

从发掘情况看，该古尸骨

架较为完整，按照考古的有关定例，应将尸骨运往实验室进行研究。要完整地、原样不动（包括土壤）地将其运走，就要在尸骨四周的土壤切一长方块，四周用石膏浇铸，然后将尸骨底部的泥土一并整体装入木箱，再吊装运走。

谜之四：盗墓者从何处进入墓中？

据老山汉墓发掘现场负责人称：“墓门正面一线洞穿的两个盗洞已被证实，该墓的确被盗过，估计时间不出汉代。”早期盗墓者一般是找准墓的大体位置后，在附近土层向下打盗洞。从发现的情况看，墓门下方的盗洞已被证实，但盗墓者是从哪里到达墓门附近的呢？既然扰动附近土层，土样应与周围土质有明显区别。但该谜至今没有明确的答案。

谜之五：盗墓者从何处进入椁室？

放置棺木的小房间谓之椁，该墓有外椁与内椁两层，里面为棺，棺已露出了正面朝南的一部分。现场负责人称尚未发现有被盗痕迹。而现在的情况是，假如棺已被盗，盗贼也许会从北面、西面、东面包括下面进入椁室，那就意味着棺已被破坏了。

谜之六：有金缕玉衣吗？

从现在的情况看，该墓已被盗过。一般盗墓者主要目标应是棺椁，因为里面很可能有金缕玉衣或金印之类所谓“值钱”的东西。假如是那样，金缕玉衣存留的可能性极小，最多会有残片。

谜之七：该墓是王侯一级的墓吗？

这是依据“题凑”这种墓的形制来推断的，因为只有皇帝、诸侯王才能享受这个“级别”的待遇。当然，如果是王后墓，也可以有此待遇。

谜之八：炭火痕迹是怎么回事？

有人说这是在祭祀时留下的痕迹，这种说法的可能性非常小，而最有可能的是盗墓者照明留下的痕迹。墓中东南的地面为木制，已被烧坏了一片。当时要盗墓的话，照明还是依赖明火。像北京丰台大葆台汉墓中，就曾被盗墓者照明的火把烧塌了一角。

谜之九：“五铢钱”对证明墓主人身份有决定作用吗？

有人曾称，如果该墓中出土了汉代的“五铢钱”，就能证明墓主人不是多数专家所推测的燕刺王刘旦，但是燕刺王死时是汉昭帝时期，晚于汉武帝，而“五铢钱”从汉武帝时开始流行，所以时间上没有冲突。

谜之十：漆器上的文字是什么字？

很多人都在电视屏幕上看到了老山汉墓出土的一种漆器，上面还有两个字，但至今无人知道那是什么字。既然字迹较为清晰，辨认应不是很难，应该找专家鉴别，告白于公众。

谜之十一：是不是汉代人比现代人个头矮？

这可不一定，据专家初步推算，墓中古尸为1.61米高，但这不能代表汉代的人就比现代人矮。恰恰相反，按照史籍记载和公认的看法，汉代人比现代人平均身高要略高些。

谜之十二：西汉帝王墓有“尊右”的定例吗？

在一部反映老山汉墓考古发掘的电视纪录片中，有一位学者称西汉帝王陵墓有“尊右”的定例，即右为上，左为下，帝王墓在右，位西；王后墓在左，位东。但据已经知道的西汉11个皇帝陵寝中，王后墓在左、位东的有4个，王后墓在右、位西的有4个，另有位于东北的有3个，大葆台汉墓就是王在东，后在西，由此看来，“尊右”并不是定例。

谜之十三：刘旦为何被称为燕刺王？

燕刺王刘旦是汉武帝之子，生前称为燕王，“燕刺王”是谥号，即死后皇帝赐的封号。据说刘旦曾有谋反之心，被皇帝赐死。“刺”即“戾”，是暴戾、不顺从的意思。同样，他的陵被称为“戾陵”中的“戾”字也是与“刺”近义，都是当时认为不好的词。

谜之十四：土质为何有所

不同?

辨认土质是发掘古墓、做考古研究的重要依据之一。一般情况下，古墓中的土分为生土、五花土两种：生土即建墓前自然存在、没有被扰动过的土；墓土指的是墓葬里的土，又称五花土，呈现出黄紫褐的复合色。这是因为在建墓时，先被挖出，经过了日晒，其中进入了含有杂质的空气、化学物质、细菌等，待墓建完回填时，墓坑里面腐烂的东西的气体上升，其中的有机物进入土中，产生了许多种变化，所以这种土的颜色就与生土有所不同。

谜之十五：老山、石景山、古梁山是什么关系?

据《水经注》的记载，石景山古称梁山。老山位于石景山东侧，它在汉代时的名称不详。明代将筒子河的土堆在故宫后面，形成一个土景山，它与石景山联系的一条纽带是永定河，很有可能石景山与土景山是相对应的。也可能石景山、老山在更远的古代都称梁山，因为它们都在古梁山山系里面。

谜之十六：假如老山汉墓是王墓，它为何选中老山?

因为老山地区在汉代东西北三面环山、前面临水，即永定河，按当时的“风水学说”看，是一块“风水宝地”，选中这里是很自然的。

谜之十七：北京已发现的汉墓集中在哪几处?

北京地区已发现的汉墓除了老山汉墓外，还有地处今丰台的大葆台汉墓，以及金代就已发现的琉璃厂汉墓。

它们之所以不集中，是因为时代不同，当时皇帝的陵寝也没有集中的先例，这种情况直到唐代都是这样。并且，当时封的燕王出自很多系统，有的跟皇室没有直系血统，有的隔代，所以更不可能葬在一起。而且，燕剌王刘旦是汉武帝之子，是诸侯王，而大葆台的主人广阳王刘建是郡王，等级上也有差距。

谜之十八：彩红外遥感看到了什么?

中科院遥感所对老山汉墓

周围做了彩红外遥感探测，由此提出了遥感图片上的“异常区域”问题。彩红外遥感是针对植被的，只能“看”地表的情况，所以，由此提出的“异常区域”并不代表就是古墓。要清楚地下的情况，只有远红外探测才能做到。而要探明古墓，还需经过地表勘探才能得到证实。

谜之十九：老山汉墓周围还有古墓吗?

有人援引了一些说法，称老山汉墓周围还有墓群。在北京地区具有国家承认的正规考古勘探发掘资格的北京市文物研究所，尚未得到这样的消息。因为是否存在古墓，是一座二座还是墓群，都要经过有关部门批准，作先期的考古探测，才能证实。

谜之二十：还会继续作考古调查或发掘吗?

北京市文物研究所还没有这样的计划，因为考古发掘项目要经北京市政府与国家文物局批准才行。当然很多人都希望能够尽快对有猜测的地区进行先期考古探测。

最大的谜：古墓主人是否是刘旦

考古专家对北京老山汉墓墓室西南角出现的古代尸骨进行了进一步的清理，结果发现这具尸骨残缺不全，并不完整。

专家们极为细致地去除了尸骨表面的淤土，这具1.61米长的尸骨更为清晰地显露出来。结果发现，这具俯卧在一个巨大的漆案上的尸骨缺少右腿小腿骨，左腿的小腿上也少了一节腓骨。经过分析，专家认为，在这个精美的漆案上，本来应该放置墓主人随葬的器皿。这具残缺的尸骨的出现，说明该墓建成之后，曾经出现过意外的盗墓情况。至于它究竟是墓主人还是盗墓者的尸骨还有待研究。

老山汉墓最大的疑团在于现在显露出来的棺椁保存尚好，而棺椁外却意外地发现了一具不明身份的尸骨。

对于尸骨肢体不全的现象，有的专家认为应是腐朽所致，而非盗墓者拖动尸体造成的。后对这具1.61米长的尸骨考证后认为，其年龄应在35~40岁之间。据此，有人称此尸骨很可能是燕刺王刘旦，因为“这跟刘旦被赐死时年纪相当”。有专家则提出此说根本不能成立，因刘旦十几岁时被封为燕王，从武帝元狩六年至昭帝元凤元年在位共38年之久，所以他死时不可能35~40岁。

三国古墓

长久以来考古学界普遍认为自东汉以来，广西地区青铜器的制造技术开始衰落，但是近日在合浦发掘的一座三国墓葬文物表明，古代的青铜制造技术在当时的广西不仅没有消亡，而且得到了很好的发展，瓷器的烧制工艺也更趋完美。随着古墓的挖掘，一个谜团解开，另一个谜团又接踵而至，重重迷雾令古墓显得扑朔迷离。

墓内无棺木骸骨

三国古墓虽经历近 2000 年的岁月侵蚀，但这座古墓墓室底部的红砖仍然光亮如新。据广西文物考古队韦革先生介绍说，发掘时发现此墓高达 1 米的封土堆上盗洞多达 7 个，幸好前室早已坍塌，得以免遭盗墓贼的劫掠。但可惜的是，保存完好的后室文物全部被盗，侧室墓门虽早已坍塌，但门上发现一个盗洞，盗墓贼也光顾了此室。发掘时考古工作者发现，墓室内并没有棺木和骸骨，因此排除了被盗的可能。据韦先生分析，广西的红土结构富含酸性，棺木和骸骨估计是被腐蚀了。

考古工作者在清理墓葬时，发现古墓中大量的墓砖上刻有花纹和文字，但对所刻花纹中蕴涵的意义无法破译，对所刻似篆非篆的文字也无法解读。据韦革先生介绍，本来汉墓墓砖也有花纹，但此墓的花纹有较大的变化，非常特殊，共有 20 多种，考古工作者已经取样留待以后研究。

墓主身份扑朔迷离

随着侧室挖掘的不断深入，古墓主人之谜也开始变得扑朔迷离。一开始，考古人员根据墓室结构，初步判断为夫妻合葬墓，后来挖掘出一只金耳坠和一面铜镜，上述判断似乎更加可信。但是当天下午挖掘接近尾声时，随着一把500毫米的铁剑，侧室墓主的身份就有了变数。根据当时的习俗，女性的陪葬品鲜有武器一类的东西。由于后室文物被盗一空，缺失了参考的依据，墓中人物身份还有待进一步研究，但是考古工作者仍然在出土文物中找到了“断代”的依据——陶器。据韦革先生介绍，根据古墓前室和后室出土的一系列陶器特点，既排除了近代的可能，也证明非东汉以前所有，东汉后期、三国时期的特征十分明显。

广西首次发现“甑”

据统计，前室共挖掘出陪葬品70多件，侧室20多件。虽然是劫后余存，但发掘的结果仍令考古工作者感到兴奋，一些悬而未决的疑案找到了实物的佐证。

据广西博物馆副馆长、文物考古队队长蓝日勇副研究员介绍，此次出土文物组合种类特别多，分青铜器、瓷器和陶器等几部分，是广西发现的规模最大、文物最为齐全的三国墓葬，是三国墓葬标尺性的挖

古墓中出土的青铜器

掘。最令考古工作者兴奋的是，此次挖掘出来的一种名叫“甑”的青铜器在广西考古史上属首次发现。这是一个用来蒸食的圆形青铜器皿，高约600毫米，直径为200毫米，铸造工艺十分高超，证明当时广西的青铜制造技术并未像有些考古学者所说的那样趋向衰落，反而得到了延续发展。由于这件青铜器十分珍贵，一经出土即被封箱保存，记者也无缘拍照，这件青铜器尊容如何也就成了一个谜。出土的瓷器种类也表明，当时的烧制技术比较成熟，近两千年过去了，瓷器的釉面仍未脱落，烧结层度很好，可见技术水平之高。考古专家说这些青铜器和瓷器的出土，对现在烧制工艺研究具有重要的借鉴作用，对它们的制造史的研究也有重要意义。

曹操七十二疑冢

曹操墓本不是谜，但从宋代起就无人知道曹操墓所在，并有了设七十二疑冢的传说，一经《三国演义》等宣扬，曹操墓就成了千古之谜。

曹操对自己的丧葬有明确“说法”，《终令》中称“西门豹祠西原上为寿陵，因高为基，不封不树”。临终前《遗令》中更是明确了要穿着平时衣服入葬，不要珠宝陪葬。他的儿子曹丕、曹植都有文描述葬礼和入殓的情况，交待了葬在邺城之西，晋代文人陆机、陆云作品中也有关于曹操丧葬情况的介绍。在魏国名将贾逵（174—228）和司马懿（179—251）等人的传记里有他们护送曹操灵柩到邺城入葬的记载。如曹操设疑冢的话，那他就是在留给后人的许多史料上都作了假，

曹操像

不仅在生前，改朝换代后还有人出力，且随后的几百年无人发现，这有些荒谬。

史料显示，由于丧葬从简，过了没几年，曹操墓上的祭殿就毁坏了。没有随葬金玉器物，也不为盗墓者所重视，再加上没有封土建陵，没有植树，几个朝代之后，曹操墓所在便无人知晓了。到唐代人们对曹操墓的位置还没有什么疑问，唐太宗李世民曾为曹操墓作祭文。从北宋开始，虽然曹操墓位置在史书上有记载，但现实之中没有人知道曹操墓的所在。也是从北宋开始，曹操被定型为奸雄，其墓址不详也成了他奸诈的一个证明。相传，邺城以西有北朝墓群，是为曹操的七十二疑冢。罗贯中在《三国演义》中称，曹操遗命于彰德府讲武城外，设立疑冢七十二，渲染了曹操的奸诈。蒲松龄《聊斋志异》中有一篇《曹操冢》点出曹操墓可能在其设的七十二疑冢之外，更显示出其诡诈。随着这些杰作的流传，曹操墓之谜就更加引人注目，也更加扑朔迷离。

新莽古墓中的特殊液体

西安市南郊一建筑工地出土了一座西汉至新莽时期的墓葬，墓中罕见的随葬物品和葬式，给考古工作者带来了惊喜和疑惑。

这一墓葬位于世家新城建筑工地，在工人挖掘基槽时暴露出来，距地表约 10 米。该墓葬是一拱券顶砖室墓，未经盗扰，保存完好。墓室长约 2 米、宽约 2 米，带斜坡墓道和耳室。墓中出土了不少完整的器物，有灶、仓、盒、鼎、壶、罐等陶质品约 20 多件，还有锈成一大团的大量铜钱。据分析铜钱是汉半两钱，分有轮和减轮两种。根据墓形制和铜钱等随葬品判断，此墓时代约为新莽时期。

据考查，此墓为男女合葬，棺床已朽没，仅存成灰质的棺底和骨架。男者身边留有一把铁剑，女者腰际有一个陶质的小葫芦，为随身佩戴的葬品。此葫芦小巧逼真，中空有口，内似装有不明物体。据称这种随葬品以前在汉墓中从未发现过，其作用是什么，考古工作者尚不明了，初步分析可能是有祈祥祝福的意义。

随葬品中还有一个高约 40 厘米、宽约 50 厘米的鼓腹陶罐，内中盛有少半液体，清澄如水但又不能肯定是水，有特殊气味。由于此墓从未被盗扰，很有可能此液体是原来就留有的。至于究竟是何物、有什么作用，还有待考古工作者深入探究。

武则天的墓碑上为何无字

在今陕西省乾县西北的梁山上，有一座气势宏伟的皇陵——乾陵。乾陵是唐王朝第三位皇帝唐高宗李治和皇后——一代女皇武则天的合葬墓。乾陵东西两侧各矗立着两块高六米左右的墓碑，西面为“述圣碑”，碑文为武则天所撰写，歌颂唐高宗的生前业绩，而东面就是举世闻名的无字碑。

武则天，这样一位曾经在中国历史上叱咤风云的女子，死后却没有依照惯例在陵墓前树碑立传，以表彰其生前的功绩。一直活得轰轰烈烈，但在这时却又为何自甘沉寂呢?

有人说武则天自小就智慧过人，立一块无字碑就是她别出心裁的表现。她认为自己功德无量，无法用文字来表述，取《论语》中“民无德而名焉”之意。

也有人认为武则天立无字碑并非是夸耀自己，恰恰相反，是她在晚年时幡然醒悟，自感罪孽深重，无脸述字。

还有一种折中的说法，那就是武则天有自知之明，知道时人对她看法不一，议论颇多，于是干脆遗言留下无字碑，“是非功过，留与后人评说”。近年来，对武则天的无字碑又有新说，认为无字碑的碑文可能埋在了地宫里。因为无字碑的阳面已经打上了方方正正的格子，似乎已经做好了镌刻碑文的准备。孰是孰非，至今还是一个谜。

千年列山墓地之谜

列山是山峰的名字，它位于西藏自治区朗县境内。出朗县县城，沿雅鲁藏布江顺流而下，大约40公里就到了金东曲（金东河）注入雅鲁藏布江的交汇处，再顺着金东曲上溯约6公里，就可以望到列山了。

说起列山的古墓葬，它已经默默地沉睡了1000多年。它被发现颇具偶然性。1982年3月的一天，一辆汽车沿着河边的公路行驶，车上的人不经意地一瞥，远处山坡下的景象，让他们精神一振——大大小小的土堆，足有百座。几个月后，西藏自治区文化、文物部门，组织了对列山墓地的两次调查和试掘。

个性鲜明的墓葬形制

列山墓地分布在列山南麓地势相对平缓的坡地上，南边是金东曲自东向西流淌，并注入雅鲁藏布江，再南边是连绵不断的群山。距墓地西方约1公里，就是当地人称的列村。

经过考古工作者发掘得知，目前列山墓地共有不同大小、不同形制的墓葬210座，墓地分布面积约50万平方米，大部分集中分布在东部，距此往西约2公里，还保存有大约近10座墓葬。

列山墓葬形制特点鲜明，均为封土墓，墓的平面形状有一定的变化，常见的是方形、梯形和圆形，还有少数的亚字形和复合变形类墓葬。墓葬封土堆的面积差异很大，根据面积的大小，墓葬分为大、中、小三类。封土边长在25米以上，占地600平方米以上的大

列山

是用大石块堆砌成四壁的墓室，用石片和木柱建成拱形的墓室顶部，其技法简单实用，且充满智慧。在墓室西侧，有一个类似的竖井，在竖井和墓室之间，留有一框，以几棵竖立的大木柱为门。可惜的是，在墓室内没有发现更有价值的随葬品。

型墓有20余座；封土边长在25米之下，占地不足600平方米的中型墓有70余座；封土边长在10米左右，占地100米之下的小型墓60余座。墓葬封土最大者，其一侧的边长可达66米。封土的高度一般在1~3米不等，最高达14米。封土边长最短者仅2~3米，封土高出地表也仅几十厘米。

该墓葬构筑技术主要采用夹石、夹木夯筑方法。这种夯筑方法在藏式建筑中可以找到许多类似的例子。

1982年和1993年发掘的墓葬，其形制都有比较明显的个性。1993年发掘的墓葬形制稍显复杂的第12号墓，此墓地表有高2米多、边长5~6米的近方形封土堆，封土下面

1993年发掘的第155号墓的形制则是另一类结构。此墓地表同样有一边长6~7米长的近方形封土堆，部分已经遭到破坏，保存的高度最高为2米，最低为0.7米。封土下边为一个长方形的覆斗状竖穴土坑，坑内填满了砾石块、土和木料。令人惊奇的是，有的木料竟然是直径0.4米的原木。在墓底南部，是一个侧室，侧室的顶部全部用直径0.4米的原木搭建，有8根之多。

"创字"之说

讲列山墓地的其他遗迹现象，就必须谈到1993年清理的石碑座。此碑座用整石雕成，为龟形，头部已残缺，可

辨识出龟的四肢，碑座通长1.2米，残高0.66米。石碑目前尚不知下落。在碑座四周还保存有石块堆垒成的墙基，平面呈方形，墙基宽度0.58～0.78米，长度4.5米。在墙的四角，均发现扁圆形的柱础石。专家可以认定，此石碑处原为一处地面建筑。

列山墓地重要出土物之一，是第155号墓填土中发现的木制品。它们为长1米左右的木制条形构件。其截面基本呈方形，木条表面加工细致，有的尚留墨线和木条一端的样结构，个别木条上发现了墨写的单个字母，字母与现代藏语中的元音字母相似。观察墨写字母的结构、笔画，推测当时可能已经使用了软笔类的书写工具，估计是一种类似于毛笔类的工具。

第155号墓木构件经碳十四数据测定为距今1275年，树轮校正年代为公元682～888年，这与历史学家笔下记述的吐蕃王朝年代基本吻合。

如果将史书记载的松赞干布公元7世纪中叶统一高原作为吐蕃王朝兴起的话，那么列山墓地使用的最早年代范围与之基本相应。吐蕃王朝初期，在雅鲁藏布江中游地域生活的人们已经广泛使用文字了，而且那时的文字已经发展到相当高的水平。

藏文字母是勤劳、智慧的人们在长期大量的生产生活实践中产生和发展的，并非个人的伟大行为。早在传说造字之前的时代，当时的文字就已经发展到一定水平，到了吐蕃时期则在字体、文法、发音上经历了较大变化，后世人们出于“英雄崇拜”心理，才演绎出“创字”的说法。

研究列山古墓的意义

就1982年、1993年对列山墓地的田野考古工作来看，对于这个墓地的基本情况，譬如墓地的规模、墓葬数量、布局、基本形制、年代等，已经有了初步认识。至于墓地的性质、主要墓主人身份、大型墓的具体结构等问题，还需进一步的研究。

列山墓地的规模之大、墓葬数量之多在西藏境内是罕见的，极有可能是一处藏王级别的陵墓区。它提供吐蕃时期陵寝制度、丧葬礼仪方面重要的实物资料。

从发现如此多的墓葬、具有如此大的规模和如此复杂的墓葬形制等方面看，列山墓地的沿用年代有相当长的时间，在当前研究吐蕃时期文化缺乏实证性资料的今天，对列山墓地的保护显然意义非常重大。

魏晋南北朝墓群之谜

武当山特区有关部门在拆除泰山庙古建筑群外一民宅时，意外地出土了一批东晋中叶哀帝司马丕时期的记事砖和道教有根树、无根树宗教铭砖。无独有偶，一个月后，在距泰山庙仅500米的永乐路北端又挖出一南北朝时期的古墓群。这一建筑、宗教、墓藏实物的发现，揭开了武当山文化、经济、宗教历史的新画卷。

考古工作者在清理墓葬时惊喜地发现这批种类达20多种的古砖是记事铭砖。这批砖从类型上分，有抛磨斜肩、转角、滚子砖、斧刃砖、调脊砖、砌筑砖、铺地方砖等。从纹饰上看有素、纹两大类，即素面为平素面，纹面全部为模具脱制。图形有圆圈、花草纹、菱纹、弦纹、雷纹、云纹、水波纹等。手法上近似于“刻花”、“轧道”、“剔地”等。砖的表层乌黑发亮、烧铸火候好，质地坚硬，为官窑制品。

这批古砖有两块比较完整，其中一块铭砖长35厘米，宽17厘米，厚6厘米，其上书写的内容为“隆和东晋二年二月口——口唐硕年八十举口——”，该砖横式阳刻二行，下半部文字残缺，现存17个字中，一字模糊难辨，二字残损，其余14字均清晰，隶书，字体工整。隆和即公元362年，为东晋哀帝司马丕改元纪年。经考证，中国历史年表中无“隆和”二年，所谓的“隆和”二年二月应是“光宁”元年二月，司马丕是公元361年5月登基，公元362年改元“隆和”，公元363年二月改年号“兴宁”，这块古砖正是年号交替之时的产物，从砖本身来说，是极其珍贵的历史文物。

另一块铭砖长45厘米，宽16厘米，厚7厘米，铭纹共排列顺序是阳纹、无根树、雷纹分切，有根树、阴纹等，“无根树”和“有根树”是道教徒采用导引修炼内丹者所达到的境界。道教有丹学中称“精”、“气”、“神”为三宝，它寓意修炼者把自己的身体当炉鼎，以自身中的“精”“气”为药物，运用“神”去烧炼，最终达到修炼之目的。有关专家考证认为，上述是迄今武当山发现最早的有记载的铭砖，前者为魏晋期间的建筑材料，它的发现足以证实南北朝时期武当山就有了当时最先进的官方及宗教建筑，这一说法使“武当山古建筑最早兴建于唐朝”的历史向前推进了数百年。

在距泰山庙出土铭砖500米的永乐路十字路口，施工人员在改造道路时又挖出一批古墓群。经过数天的抢救性发掘，出土了一批盏、瓷碗、四系彩花罐、古币、黑陶罐、墓砖等文物。经文物部门鉴定，此墓群为南北朝时的古墓群。而据当地多位老人介绍，这里以前是数十亩的古墓群，在“文革”期间被当地群众毁掉改成了良田。专家认为古墓群和铭砖为同一时期产物，二者有必然联系，原因在于：一个是古建筑和宗教建筑的实物，一个是墓葬的实物，它与历史记载中的晋罗色宰相谢允（公元326年）辞官到武当山修道，东汉高道马明生入道武当石室修炼的史实一脉相承。它的发现至少可以证明，这一地区在南北朝时期已形成了当时比较发达的政治、文化、经济、宗教活动中心。它的发现填补了唐朝以前武当道教历史的空白，并进一步证实了武当山是中国道教的发源圣地的准确性。

宋后古墓未解之谜

辽代名将古墓群之谜

在这座辽代时就被称作平顶山的深处，5处被盗挖的辽代古墓就已经由警方转交给文物工作者。考古工作者进行简单清理时，在其中一处古墓里意外发现一块刻有“故于越宋国王墓志铭”9个字的墓志铭，这个已注明被葬者身份、地位的墓志铭使考古工作者立即意识到，此墓有可能是辽代著名的政治家、军事家耶律休哥或其子孙的墓地。根据辽代一家人死后要葬在一起的民俗习惯，有关专家认定耶律休哥的家族墓也应在这附近。在经过充分准备之后，大规模的保护性清理工作开始展开。

一块花岗岩的墓志铭显示被葬者身份显赫

在古墓现场，工作人员发现，5处古墓均被盗墓者不同程度地破坏了，其中两处古墓有盗洞，但由于种种原因，盗墓者并没有进入其中；另有两处古墓深达十余米，规模很大，由于盗土多且厚，已将墓门口堵住，盗墓者的活动也只停留在墓门之外；第五处古墓距地表大约8米，工作人员清理时根据堆积在外面的盗土的厚度以及墓内凌乱不堪的现场认定，此墓在这一批盗墓者来之前已被盗挖过。正是在这处古墓里，专家发现了那块珍贵的墓志铭。

这块墓志铭就被放在刚进入墓门的甬道处，没有被破坏。经过认真清理，这块1.1米见方、梯形倒角的墓志铭很快露出了本来面目，该墓志铭由红色花岗岩制成，在辽代这种石料是十分珍贵的，也是被葬者身份的象征。该墓志铭分为志盖和志室两部分，两者紧紧地结合在一起，在志盖的表面刻有汉字“故于越宋国王墓志铭”9个字。“于越”是辽代的官名，位于百官之上，是统治者对功劳最大臣子的最高奖励。在辽代9位皇帝210年的统治期间，只有10人曾被拜为“于越”。“宋国王”则是耶律休哥的封号。据有关历史资料记载，耶律休哥的子孙也承袭了这个封号，所以根据字面上的意思，可以确定这是辽代重臣耶律休哥或其子孙的墓穴。

由于大规模的保护性清理工作还没有展开，因此关于五座古墓的具体情况仍是一个谜。

为了能够找到更多的答案，有关人员赶赴距市区30公里远的平顶山，这座位于阜新市大板镇腰衙门村境内的平顶山地处以灵秀著称的医巫闾山的东北。根据近年考古专家的发现，医巫闾山是多位辽代皇帝的寝陵，而距平顶山十余公里的大巴关山则是辽代另一位重要人物萧何家族的墓群。不久前，在平顶山附近曾先后发现耶律家族成员的墓地，由此一些专家曾推断，同样在辽代位高权重的耶律休哥家族墓极有可能葬在平顶山上，这一想法已基本被证实。

耶律休哥（？—998），辽国名将，字逊宁，契丹族。辽穆宗时，任惕隐（执掌皇族政教）。乾亨元年（公元979年），宋太宗统兵攻辽，兵围南京（今北京）。耶律休哥率五院军，与南院大王耶律斜轸的六院军增援，合击宋军于高梁河（今北京西直门外），大获全胜。他不顾三处负伤，追宋太宗至涿州（今河北涿县）。次年，再败宋军于瓦桥关（今河北雄县旧南关），上拜其为于越。统和元年（公元983年），任南京留守，兼南面行营总管，统南面军务。四年，大破宋军主力曹彬、米信等部于岐沟关（今河北涞水东），封宋国王。同年末，在君子馆（今河北河间北）大败宋刘廷让军。死后，圣宗诏立祠南京。威震一时的耶律休哥身经百战，既英勇，又善谋，几乎每战必胜。《辽史》编修者认为，耶律休哥“配古名将，无愧矣”。

辽代的平顶山

平顶山的山路，崎岖陡峭自不必说，更吸引人的是这里秀丽的风光，随着地势不断升高视野也逐渐开阔，随后出现一片茂密的松林，墓地就在松林深处。穿过松林，在风景开阔处有一个被刨得一片狼藉的坟地，从地下挖出的沙土都被扬在杂草中，足有一米高，一条与地面几乎垂直的下坑道直通阴森森的墓口，这就是那座发现墓志铭的古墓，这条下坑道就是盗墓者挖的。

墓外是一个直径为 5 米的大坑口，被挖开的墓距地表近 8 米，墓口与墓室甬道相连，墓志铭就在甬道处。由于雨水的冲刷，墓穴里已经塌陷。由于墓口的盗土过多，原本 3 米多高的墓口现在却无法容下两个人同时进入。进入洞口后，用手可以触摸到那块记录被葬者身份的墓志铭，由于雨水的冲刷，墓志铭上的字已经辨不清楚，但用手却可隐约摸到刻在石头上的笔划。由于墓志铭比较沉，加之墓口无法站立，因此无法将其搬开，看不到墓室所记录的文字。在以后的清理工作中，这块墓志铭将会被搬开，到时被葬者的身份及生平简历就会立刻明了。再向前移动，便可以看到用砖砌成、呈半圆形的墓门口，这是主墓室的门口。盗墓者就是从这里进入盗取随葬品的。现在这里已经塌陷，无法前行。据介绍，这座墓室约 5 米见方，站在主墓室门口，还可以看到隐约出现的耳室大门，现在仍无法知道里面放着什么东西，一切都要等清理之后才能见分晓。

据称，辽代埋葬故人时选墓地很讲究，一般墓口要朝向东南，太阳升起的地方。另外几处墓地同样是被盗墓者破坏的残乱不堪的景象，好在这里已有专门人员在此看护。工作人员将在这里开展大规模的清理工作。根据以往的经验，地下埋有古墓的地方，每遇到下雨的时候沙土都会向下沉，时间长了便会形成遍地沟壑的情况。现在无法预测这里究竟有多少耶律家族墓，这一切将随着清理工作的进行而逐渐明朗。

由此而发的悬念

悬念一：虽然已找到一块刻有“故于越宋国王墓志铭”的墓志，但是由于耶律休哥的子孙也承袭了这个封号，因此这个有墓志铭的墓究竟埋的是谁，我们无从知晓。

悬念二：专家称，像耶律休哥这样功劳非常大的臣子，在其死后大多要陪葬在皇帝身边，这里有可能只是埋下了他的衣冠，究竟是否如此，我们只能静静等待。

悬念三：这块墓地因为时间久远，山体已出现多处沟壑状，而这些是否意味着其下面埋葬着更多的耶律家族的成员，我们需以时间换取答案。

金代帝王陵寝之谜

金陵难寻

位于北京西南约41.7公里的大房山麓的金陵遗址，是经过金代海陵王、世宗、章宗、卫绍王、宣宗五代60年营建形成的一处规模宏大的皇家陵寝，整个陵区面积约为60平方公里。1996年它被列为北京市重点文物保护单位。金陵的主陵区位于房山区周口店镇龙门口村北山前台地，占地面积约65000平方米。

金陵地处深山中，如果无人带领，一般人很难准确找到金陵所在位置。即便找到了大概方位，也很难到达金陵的主陵区。而如果没有得到有关部门的批准，即使到了金陵主陵区，也会被“关卡”拒之于山门以外。

面积超大

在一个山谷的入口处，有一条用青条石堆砌的石桥，石桥下是幽深的涵洞。穿过石桥就是神道，沿神道前行，就是金陵大殿基址。这处石桥则位于神道南端，西侧与排水暗沟相接，这是金陵的排水通道，主要起防洪作用。穿过石桥后，

面积超大的陵寝

古墓上的浮雕

迷雾重重

进入地宫前，左侧五六米处有一块石碑，在这块高约两米的龙首石碑上，镌刻着“金睿宗文武简肃皇帝之陵”字样，字体刚劲有力，虽然年代已久，但依稀可以看到上面的朱砂、贴金。这块石碑是 1985 年第一次对金陵进行调查时发现的，为汉白玉材质。

两处鹊台遗址立在石桥与神道间。金陵的神道已经被埋藏地下，这是为了更好地保护文物而采取的一种特殊方式。沿着神道前行，就到了大殿的基址，在用木板搭建的道路上行百余米，仰头可见一座巨大的“蒙古包”，这里面就是完颜阿骨打陵寝的地宫。

据介绍，金陵由坤厚陵、皇帝陵和诸王兆域（王爷墓葬）三部分组成，史书中记载这里共埋葬着五代金国皇帝，当年陵区的面积约有 60 平方公里，比十三陵陵区的面积还要大。而完颜阿骨打陵寝是这里第一个被发现的皇陵。

进入地宫，这是一处在山体中开凿的石质地宫，长约 13 米、宽达 9 米，北侧深度约 5.2 米，南侧深度为 3 米。这个位于主陵区内的地宫，原来是一个巨型石坑，在第一次调查时定名为祭祀坑。

根据史书及其他文献记载，金陵主陵区内应埋葬着五代帝王，即太祖、太宗、德宗、睿宗、世宗。但由于该地宫位于整个金陵遗址中轴线上，结合考古发现，考古专家初步判定该墓坑为金太祖完颜阿骨打之睿陵。由于在地宫内未发掘出带有文字记载的文物，因而地宫内的四具石椁给考古工作者带来了一些谜团。

四具石椁中正中偏北为完颜阿骨打的汉白玉雕龙石质残椁，石椁盖板剔刻有团龙纹，正面则剔刻着团龙流水纹，椁底残留着墨地朱纹金线勾双龙戏珠纹。这具石椁的旁边是一具保存完好的汉白玉雕凤纹石椁，这具石椁内有一具木棺，内有散落的人骨，头骨附近发现随葬的金丝凤冠和雕凤鸟纹玉饰件。这两具雕龙、凤石椁是国内首次发现，应为皇室专用。

在这两具东西放置的石椁旁边，有两具南北排列的石椁，虽然和龙、凤椁一样，都是“一椁一棺”规制，但它们的外观却无任何纹饰，称之为“素椁”。让考古工作者疑惑的也是这两具素椁：虽然可以基本猜测它们是属于陪葬的妃子，但到底是谁则是个谜。此外，靠近外侧的素椁内没有尸骨，而是骨灰。专家认为是火葬，为何仅有一具火葬，这又是一个谜团。

复原有望

据介绍，金代海陵王在北京建立金中都后，为了达到长久目的，决定将原在黑龙江阿

地宫门

金代帝王陵

城的祖陵迁至北京。海陵王派司天台的官员在北京寻找风水宝地，最终选定房山区的金陵现址。经过七八个月的建设，于公元 1155 年 10 月份金陵竣工。

海陵王对这块陵寝地址十分重视，在建设期间曾前来视察 4 次，最后一次曾驻扎半个月。对该地的风水，迷信的说法是——背靠的大山是玄武，左边的一座山包是青龙，而右侧的是白虎，前面是人工挖成的一道暗渠，也就是迷信中的“朱雀”。

金陵是中国历史上为数不多的少数民族皇陵，对金陵的考古调查最早从 1985 年开始。经国家文物局批准，2001 年春，北京市文物部门对金陵遗址再次进行了考古调查。2002 年春，对金陵祭祀坑遗址进行清理发掘。截至目前，除在完颜阿骨打的睿陵内发现四具棺椁外，还在该陵寝遗址区内清理出金丝冠、铜柄铁剑、石枕、磁州窑龙凤罐及金“泰和”铜钱等文物。

考古专家认为，对金太祖陵的抢救性发掘和清理，不仅发现了大量金代陵寝制度的实物资料，同时丰富了后人对金代帝陵陵寝结构和平面布局形制的认识。此次金陵之考古发现，对于研究金代帝王陵寝制度，女真族政治、经济、文化和中国历史都有十分重要的学术价值。

据悉，金陵的主陵区有望部分复原，虽然目前仍是一个计划，但也许在不远的将来，人们就可以像参观十三陵一样，来这里参观金陵，感受那刻进中国历史中的少数民族文化。

成吉思汗墓千古之谜

聚集鄂托克旗

位于鄂尔多斯高原鄂托克旗的古墓可能是成吉思汗真正的墓地。此地发现的一系列有关成吉思汗的重要遗迹，其规模之大、场景之周详，不但为历史还原提供了强有力的信息支撑，还将再次把全世界考古专家的目光聚拢到鄂托克旗。

距鄂尔多斯市境内不足200公里的鄂托克旗，其遗迹地貌、地名等特征，与《蒙古秘史》、《史集》、《蒙兀儿史记》等史料中有关成吉思汗葬地的描述极其吻合。因为自公元1227年8月25日成吉思汗出征西夏时病逝，在此后七百多年的时间里，神秘的成吉思汗陵墓到底在哪儿？是否有宝藏？一直是考古界和收藏界急需寻找的答案。

在鄂托克旗阿尔巴斯苏木一马平川的草原上，凸地兀起一座数十米高的红色砂石平顶山，山上洞窟鳞次，这就是阿尔寨石窟。位于该石窟东南侧的十号石窟就是成吉思汗养伤时所住的地方。石窟前方1里以外据说竖有成吉思汗的箭靶，至今仍可寻到。

在第28号窟中，西面墙上有一幅壁画。有专家认为是“蒙古族丧葬图”，还有专家认为这幅壁画是“成吉思汗安葬图”。在第31号窟内西侧壁上，亦有一幅场面宏大的壁画，图为一个地位尊贵者正在接受众人跪拜。画中人物繁多，极其耐人寻味。关于这幅画，图中主角为成吉思汗及其家族主要成员才可以成立。更值得一

成吉思汗陵

提的是，这幅壁画中部，成吉思汗家族与密宗法王之间，蓝黑色背景之上，绘有一座赭红色平顶山，颇似阿尔寨石窟山。

四处墓地位置可能藏有太祖之墓

《元史》记载，“太祖22年围西夏，闰五避暑于六盘山，六月西夏降，八月崩于萨里川哈剌图行宫，葬于起辇谷”。数百年来，几代学者都在试图解开这个千古之谜。在国际互联网上，《成吉思汗》甚至被制作成一档大型战争游戏。

特别值得一提的是美国亿万富翁、独立探险家克拉维兹，曾于2000年出资寻找过成吉思汗的陵墓，但没有结果。随后，他特意从国内运来了能看到地下10米深处的先进仪器，发誓非要找到成吉思汗的陵墓不可。

联合考古队曾在宾得尔山北面的乌格利格其贺里木发现了距地面11米处的一个庞大的陵墓群。据《蒙古秘史》记载，宾得尔山曾经是成吉思汗祭祀、朝拜的地方，山上除了有蒙古400多个氏族的牌位外，还有用各种文字写成的碑文。据说，成吉思汗父亲的遗体就安葬在这里。因此，考古队认为，该墓穴群极有可能是一直没有找到的神秘的成吉思汗陵墓。

一代天骄——成吉思汗

联合考古队在墓穴附近听一位 76 岁的老人讲，他们家很早就守卫在这个地方，至今已传了 40 代，至于为什么守在这里，他也不清楚。

传说中，2500 名工匠为成吉思汗打造了陵墓，为让陵墓的具体位置成为千古之谜，全部工匠被杀死，这些士兵在返回都城后也被集体处死。他们的耳朵被割了下来，以证明他们全被杀死。因此，知道成吉思汗陵墓具体位置的人少之又少。考古队相信，因为成吉思汗的陵墓一直没被发现过，意味着它至今完好无损。

目前，各国考古专家关于成吉思汗墓地确切位置的圈定，比较认同四个地点：一是位于蒙古国境内的肯特山南，克鲁伦河以北的地方；二是位于蒙古国杭爱山；三是位于中国宁夏的六盘山；四是位于内蒙古鄂尔多斯鄂托克旗境内的千里山。

大型明代古墓之谜

陕南洋县发现大型明代古墓

一座规模宏伟、占地300多平方米的明代大墓在洋县被发现。由于当地志书中均无记载，这座藏于秦岭深处数百年、规格较高的墓葬，引起汉中诸多专家学者的关注。

该墓位于洋县毛坪深山之中，北接华阳，南临水，是昔日骆古道的必经之地。然而，自唐以后，古道不再作为官道，大墓所处之地已极为荒僻。

该墓坐北向南，背山面水，上下分三层，每层由十余级石阶相连，中间两层为一大一小两处平台。在平台两侧，均立有长七八米、高近1米的石壁，石壁上刻着仙鹤、乌龟、骆驼、马匹以及装束各异的人物，虽历经数百年岁月侵蚀，仍依稀可辨。让人不解的是，有数块石壁倒于荒草中，明显还未雕刻完成。

在最上面的平台有一座巨大的扇形墓碑向人们显示了墓主生前的显赫。墓碑高约一丈，三层挑檐均为整块巨石累加而

北京西部发现的明代古墓

成，这中间不用卯合，却能百余年不倒，着实是个谜。整个碑面，富丽典雅，除正中刻着隶书字体外，还有大量古代墓主不多用的草书刻石。碑的两边是六面浮雕画，因选用石材细腻，所刻内容栩栩如生，具有很高的艺术价值。大墓堂皇，却坐落于深山，令人称奇。

方姓墓主曾任陕西“省长”

尽管碑上有很多文字，但除了能认清的几行隶书外，大量草书均难以辨识。就墓志大概情况来看，墓主姓方，进士出身，做过陕西按察使、陕西承宣布政使（相当于现今的省长一职）。附近村民讲，这座墓很早的时候就有了，具体年代不清楚。20 世纪 80 年代末，曾有盗墓者用炸药炸过此墓，但好像没造成破坏。

《汉中府志》（清嘉庆年间）、《洋县县志》（清光绪年间）上都没有关于墓主的记载，但作为封疆大吏，志书上不应该没有记述。有关专家认为，其墓葬具有较高的文物考古价值，墓葬的规格，在陕南墓葬中也十分少见。墓属夫妻合葬墓，但从未完成的石雕画来看，墓葬应是在没有完工的情况下，草草收场的。这位方姓墓主，从进士出身并位忝高官，应在志书中有所记述，为何没有，倒是耐人寻味。此外，这位高官为何要选在深山中建墓，而墓又为何未建完便收场，也值得探究。

明代在汉中做过官并且最为有名的方姓人当属方孝孺。方孝孺因不满燕王朱棣篡权，硬是被灭掉了十族。此后，史学界一直有建文皇帝带 18 名随从来汉中避难一说（城固、西乡、南郑等地均有其遗迹）。如今洋县深山发现的方姓大墓，究竟与此有无关系，尚需进一步考察。

十三陵之谜

十三陵的地面建筑雄伟壮观，但它仅仅是陵墓上的装饰，真正的陵墓建筑，则是那埋葬在地下的宫殿。古代文献上记载，帝王墓室叫“地中宫殿”，又叫“玄宫”。古代封建帝王为了长久保存自己的陵墓，防止被人挖掘，往往把坟墓封藏得极为严密，还编造了许多神话，设了不少的机关，因此要打开地宫之门，是件十分艰巨的工作。

1956 年 5 月，中国开始正式科学发掘第一座帝陵——十三陵中的定陵。定陵埋葬的是明代第十三代皇帝朱翊钧和他的两个皇后。这位万历皇帝 10 岁即位作皇帝，22 岁即修

十三陵

十三陵明楼

定陵，用了6年时间，役使军匠、工匠达3万余人，花费了800多万两银子，相当于那时全国两年的农田赋税收入。定陵主要建筑有祾恩门、祾恩殿、明楼、宝城、宝顶和地下宫殿等部分。明末以后，除明楼、宝顶外，其他地面建筑均遭到多次破坏。刚开始发掘时，考古工作者找不到打开地宫门的标记。经过仔细观察，在坟茔围墙宝城的东南侧发现有几层砌砖塌陷下来，原来是一处券门。于是，考古工作者便决定在此试掘。工作进行将近两个月后，考古工作者发现一条3米多宽的隧道，很可能这是下葬时运送棺椁的通道。按照它的走向，在前面又开了一条深沟。当挖到隧道尽头时，发现墙上嵌一小石碑，碑上刻着：“此石至金刚墙前皮十六丈深三丈五尺。”为何要刻此石，这不是为盗墓者指明方向吗？原来，定陵建成38年后，才迎来自己的主人。加之明代

明十三陵康陵主体标志性建筑

帝后丧葬习惯是先死的先葬，后死的后葬。这样，墓室封埋后还得重新打开。工匠们为了施工方便，便秘密留下这标志。

地宫

根据小石碑的指引，又发现了石隧道。考古工作者挖了一年时间，终于看到顶饰黄色琉璃瓦，多层石条垫底的“金刚墙”。仔细察看金刚墙面，有一个不显眼的呈“山”字形的痕迹，好像是一座门。的确如此，取掉里面的砖，便进入地宫的隧道券。一座洁白、神秘的石门出现在眼前，进了大门便到达地下宫殿了。

随着地宫大门在望，种种说法也随之而来。有的说，帝王陵里遍布机关，暗箭很多，箭头是用毒汁浸泡过的，一碰就丧命；有的说，墓门上搁有千斤石，下有滑动石板，稍有不慎，不是砸得粉身碎骨，就是跌落深渊陷阱；有的说，陵墓长期封闭，尸体什物腐烂形成的有毒气体会把人憋死等。在郭沫若、邓拓、吴晗等人的关心支持下，发掘队做了详细的准备工作。他们从地宫石门的缝隙中观察，看到石门

十三陵石刻

是用“自来石”封闭的。这种“自来石”上端顶住门内凸起部分，下端嵌入券门地面上的凹槽内，这样石门就推不开了。发掘人员用指头粗的钢条，弯成一定形状，伸进去卡着石条移门，用手轻轻一推，重量大约4吨的偌大两扇石门竟徐徐打开了。积存了几百年的潮湿气味扑面而来，没有暗箭，没有陷阱，连防毒面具也没有用上。神秘的地宫之谜终于被揭开了，定陵里出土的3000多件殉葬品，既反映了古代人民的高超工艺，又揭示了明朝整个时期的历史面貌和统治者的穷奢极欲以及明王朝走向衰败的特点。

定陵的地宫神秘历史已成过去，那么其他十二陵的地下究竟是什么样子呢？从定陵的地下宫殿建筑来看，它由前、中、后、左、右五个宽敞的石结构殿堂组成，内有石门相隔。这种建筑形制是宫殿的格局，汉唐以来的大型坟墓，皆采用此形制。故可以推断，明十三陵各陵的地宫的建筑格局基本相同。但是，明十三陵建于不同时期，从明朝鼎盛时期一直延续到衰落，各陵地宫肯定有其独特的奥秘，这既是很多旅游者的疑惑，又是考古工作者研究的课题。

陈圆圆墓之谜

陈圆圆是明末清初一位传奇人物。在明清之际，因为她被李自成（或说刘宗敏）掠走之后，吴三桂“冲冠一怒为红颜”，引清兵入关，历史的车轮顿然改辙换路。这样的一位烟花女子，竟频繁地见之于史书和民间传说，以蔡东藩的《清史演义》为例，该书中说，陈圆圆名沅，能诗善画，又善弹琴，因遭乱流落，沦为歌妓，藩府田琬（明崇祯帝宠妃之女）闻其艳名，以千金购得，遂改名为圆圆。在田府的一次宴会上，吴三桂对她一见倾心，便劫娶而去……

人各种史料记载中可以看出，陈圆圆的确是一位色艺双绝的女子，而这也正是她招惹是非之处。但如果简单地把美人与祸水相提并论是有失公证的。陈圆圆在当时的历史条件下，究竟起到过什么作用，将来自有公论。我们这里要谈的，是这位美人最后的命运和归宿。关于这个问题，史料上没有确切的记载，因此许多年来众说纷纭，至今还是疑案一桩。

说到陈圆圆归葬何处，据我们所知，有如下说法：有说陈圆圆葬于苏州、上海的，也有说她葬于陕西、四川的，但持此说者均拿不出可靠的史料，甚至仅仅是一种臆测而已，故不可信。

有一种“宁远说”，凭据是《甲申传信录》中的记载：自成进北京后，刘宗敏向吴三桂之父吴襄索要陈沅（即陈圆圆），吴襄回答说，陈已被送到宁远（今辽宁兴城）吴三桂处去了，而且已经死了。这一说法与明

这座位于岑巩县水尾镇马家寨狮子山上的石碑疑是陈圆圆的墓地

清之际的传说不符，而且从当时情况看，很可能是吴襄在威逼之下的推托之词，其可靠性极差。但也有信此说者，如《国榷》作者谈迁、《明季北略》作者计六奇、《续绥寇纪略》作者叶梦珠和当代作家姚雪垠等。

还有一种较为普遍的说法，认为陈圆圆香魂归于云南，明确地说，是在昆明。清朝陆次云的《圆圆传》叙述了吴三桂在云南被封为平西王后，建苏台，营郿坞，华贵无比。陈圆圆常歌“大风之章”向他献媚，吹捧他“神开不可一世”，因而受到吴三桂数十年如一日的专宠。后来陈圆圆参与了吴三桂的叛乱阴谋，和吴三桂一同被歼。而写于陆次云之后《圆圆曲》记述得更为详细，且与陆传所云有所出入：吴三桂晋爵为王之后，在昆明占据五华山永历故宫。起初他想将陈圆圆扶为正妃，但陈婉言推辞了。吴三桂于是另娶一女，此女妒心极强，群姬之艳而进幸者，均被其恨而杀之。陈圆圆独居别院，不施粉黛，因与其未生嫌隙，未遭其忌。吴三桂图谋叛乱时，陈圆圆有所觉察，但自感力不能禁，遂以年迈之由向吴三桂请求入山修道，得到许可后便离宫入山，与药炉经卷为伴，然对陈圆圆的结局却未有明确交代。还有一种说法是，“吴三桂兵败，陈圆圆自沉莲花池”。

由于在苏州、上海，抑或是昆明，都没有发现陈圆圆的墓，致使上述说法因无确实证据而未可凭信。

值得注意的是，1983 年贵州岑巩县有人提出了“陈圆圆魂归思州”的新说法。其说云：经过查考，初步认为岑巩县水尾镇马家寨狮子山上的一座古墓即为陈圆圆安息之地。思州是岑巩的古称，马家寨一带，群山起伏，溪流纵横。狮子山上的一座土堆，便是人们所说的陈圆圆墓。墓前有一通3尺高的石碑，中间阴刻11个楷体字：“故先妣吴门聂氏之墓位席”，旁刻“皇清雍正六年岁次戊申仲冬月吉立”。立碑人是儿子吴启华、孙子吴仁杰等。

马家寨的人全都姓吴，而且世代自称为吴三桂之后。吴姓老人讲，吴三桂乳名应隆，其父吴襄，辽东高邮人。吴三桂反清后曾在湖南称周帝，将败时，军师马宝暗护陈圆圆及吴三桂的儿子吴启华到思州鳌山寺避难。康熙二十四年吴启华下山定居，为了纪念马宝的恩情，同时为避清廷搜捕和诛杀就把居住的寨子称为马家寨了。

有关人员考释，上述说法与史料所载基本相符，且有人将碑上的11个字译释为“故第一世祖吴家陈圆圆王妃之墓”。这些都旨在说明此处的真实性。但迄今为止，最后的结论还没有得出。

闯王墓的真伪

闯王究竟死于何时何地，以及因何而死，至今尚无定论。

关于闯王的归宿，数百年来，各种记载和传说扑朔迷离，人各异词。归纳起来，有七种说法：死于黔阳罗公山，死于辰州九宫山，死于通城九宫山，死于通山九宫山，死于广西峡山，死于石门夹山，死于平阳。与上述说法相联系，便有了遍布各地的闯王墓。孰真？孰伪？让人莫衷一是。不过，有两种说法所据史料较为翔实，且影响较大，即湖南石门夹山为僧和湖北通山县九宫山遇害两说。而这两说之间争来争去，各执一词，各有所本，故悬案依然未决。

闯王李自成雕像

李自成逃禅夹山石门一说，流传极广。湖南省的石门县古称“澧阳”，又称“澧州”。据清乾隆年间的《澧州志林》所收澧州知州何嶙的《李自成传》一文称，李自成兵败“独窜石门之夹山为僧”，法名“奉天玉和尚”。文中所指夹山即夹山寺，该寺位于石门县东，是一座唐代古刹。寺内遗有与此说相关的一些碑记塔铭、诗文残板，以及奉天玉和尚的骨片和包括宫迁玉器在内的许多遗物。寺西南 15 公里有疑冢岗，岗上有传为闯王疑冢 40 余座。

据载，何嶙曾到夹山进行考察，见到一位服侍过奉天玉和尚的、口音像陕西人的 70 岁老和尚，他说，奉天玉是顺治初年来寺的，并取出奉天玉和尚之画像。观之“肖似史书所记李自成的模样”。有人根据李自成曾称“奉天倡义大元帅”，后又称“新顺王”，断定“奉天玉”即“奉天王”多一点，是为隐讳。

李闯王陵

1981 年，湖南石门夹山发现了传系李自成所作的《梅花百韵》木刻版，又从奉天玉和尚墓葬中发现骨灰和砖刻《塔铭》。墓葬中，其弟子野拂所撰碑文及有关文物，都与何嶙之文相印证。据考察，“野拂”就是李过，李过是李自成的亲侄儿。由此可证，被野拂精心侍奉的奉天玉和尚就是李自成。

持此说的另一依据是，李自成去当和尚，乃为形势所迫，是为了联明抗清。当时，李自成领导的大顺军的主要敌人，已不是明代统治者，而换成了清统治者。抗清已成为当务之急。联合国内的其他武装力量便也显得举足轻重了。当时可以联合抗清的，只有湖南何腾蛟拥立的唐王朱聿键部，但与何腾蛟谈判后，部队必须交何指挥，而何是唐王的宰臣，李自成则是皇帝，这在情理上是难以接受的。况且，李自成逼死了崇祯皇帝，深恐唐王不能谅解。于是，李自成遂采取假死、隐居的做法，巧妙地回避了矛盾，让高氏和李过出面与何腾蛟联合，共同抗清。另外，有不少带有传奇色彩的故事，似都可以为“禅隐之说”作佐证。

然而，也有人断定，“禅隐之说”纯粹属于子虚乌有。李自成根本没有出家，奉天玉和尚绝不会是李自成。经查证，奉天玉和尚确有其人，塔铭载，奉天玉曾“历经清要”。何为“清要”？《朝野类要》卷二曰：“职慢位显谓之清，职紧位显谓之要，二者兼之，谓之清要。”李自成则与“清要”毫无干系，《塔铭》的作者刘萱为明朝遗臣，他是忠于大明朝的，怎能为农民领袖李自成写铭记功呢？这是无法理解的。况且，1982年冬湖南慈利县新发现的《野佛墓碑》中“久恨权阉”、“也逐寇林”、“方期恢复中原”等词句，亦表明野拂是痛恨宦官的明朝武官。而野拂对奉天玉和尚“事之甚谨”说明他们之间关系的密切，同时也说明奉天玉也是明朝遗臣。据查，奉天玉乃是顺治年间从四川到石门县夹山寺的云游和尚，他初到夹山，见古刹破败，便抛头露面、沿门托钵，求乞多方支持，以修复寺庙，若果然是李自成“逃禅隐居”来此，怎能如此不懂得保密呢！

另一种比较普遍的说法认为，湖北省东南部的通山县九宫山才是真正的李闯王归天处。九宫山以西数十里外的牛迹岭，是真闯王的墓地。这里的闯王墓在新中国成立后曾多次维修，并有新建的拱桥、层台、陈列馆等附属建筑，墓后建有“下马亭”，附近还有“落印荡”、“激战坡”等遗址。

关于李自成之死，《清世祖实录》载：“被俘贼兵全优言，自成窜走时，携随身步卒

20人，为村民所困，不能脱，遂自缢死。因遣素识自成者，往认其尸，尸朽莫辨。”

还有的记载说，清顺治二年五月初二（公元1645年5月26日），李自成东征途中转战江南，为清军所挫，折向湖北，兵败单骑脱逃至此，曾于黄土洞中藏躲，后误入葫芦套，被程九伯手下的寨勇包围，死于锄统之下。

湖南大学者王夫之所撰《永历实录》也记载：“五月，自成至九宫山，食绝，自率轻骑野掠，为土人所杀。”这里的“土人”即指程九伯等。程九伯曾因此向清廷请功并获得奖赏。后来程的后人还陆续变卖李自成的宝剑、马鞍、马镫等遗物。如今九宫山闯王陵的马镫遗物形制特殊，并刻有永昌年号，可以确认即为闯王所遗。程九伯等人杀害李自成之事，在《程氏家谱》、高湖《朱氏宗谱》和顾炎武《明季实录》中也有记载，可证此事不虚。

此外，史料中还有一些“蛛丝马迹”可以证明李自成确死无疑。如《湖北巡按马兆奎揭贴》和《荆州总兵郑四维揭贴》等材料中，明确指出1645年“闯逆已除”，大顺军余部立李自成之弟为“主”。若李自成未死，另立新主便不可能。而马兆奎和郑四维是清朝直接负责镇压和“招抚”大顺军的官吏，其揭巾之事当可凭信。曾有人怀疑阿济格和何腾蛟两人关于李自成已死的报告，与参加通山战役的清军将领传记所载是基本一致的。应该说也比较可靠。更有说服力的是，在公布李自成的死讯后，史料中再也没有出现李自成活动的记载，而在《明史·堵胤锡传》中，李锦（即李过）称李自成为“先帝”，称高氏为“太后”，也很能说明李自成已经过世了。

那么，真正的闯王墓究竟在哪里呢？

“中原第一陵”五大千古之谜

潞简王陵墓坐落于河南新乡市北郊的凤凰山下，是中国目前保存现状最好、占地面积最大的明代藩王陵墓，有“中原第一陵”之美誉。近400年来，它以其独特的旖旎风光，雄伟的古代建筑，精美的石刻艺术，神奇的民间传说，吸引着四方游客。古人曾作诗赞：“古殿空山裹，名王有旧茔”，“秦陵和汉寝，不及此幽情”，并将其同驰名中外的秦汉皇陵相提并论。

作为国家级文物保护单位和旅游景区，其陵区建筑的整体性达到了历史上的空前水平。前方（方形院落）后圆（圆形宝城），宝顶、明楼、享殿沿中轴线纵向排列的布局形势将陵寝制度发展成了最为完善的程度，目前它仍有五大谜团尚未解开。

精美的绘画

1. 神道石兽群石像雕琢精细，栩栩如生，能分辨出的石像有獬豸、石绵羊、石虎、狻猊、麒麟、骆驼、大象、石马，还有些难以

河南新乡潞王陵

进行动物分类，至今尚无名字，那么这些无名石兽究竟为何种动物像至今不得而知。

2. 潞王陵建筑石雕中以龙的浮雕最多，牌坊、陛石、白玉栏杆、华表等全为高浮雕龙图。整个陵园建筑中雕塑了多少条龙，至今数目不清。

3. 祾恩殿为供奉牌位和举行上陵祭祀活动的地方，从遗址的柱础可看出其规模之宏大。这一建筑是后期被毁还是当时就没有建成，各有其证。柱础上石槽未刻完是没建成的例证，砌墙的痕迹又是建成被毁的证据，究竟历史现状该执何说?

4. 祭碑两侧所耸立的一对华表，三面高浮雕龙的图案均雕刻得十分精致，其中一面为浅浮雕花形图案，却只有华表的 1／3 长度，其余长度为毛石形状，棂星门两侧石雕花边也对称存在雕刻不到头的现象。在形成缺陷美的同时，此为设计原形还是由于其他原因留下的痕迹就不得而知了?

5. 方城前石供案及石雕五供为陵园石雕最为精华的部分，按照明朝王陵的建筑规制五供应放在石供案之上，而这里五供由于体形巨大和石供案完全不成比例，摆在供案前边，是当初设计出了差错，还是另有其他原因？有待于专家去考证。

砀山梨园古墓之谜

发现女尸

砀山西关梨园小区出土一具保存完好的清代女尸。

2001 年 3 月的一天，西关梨园小区正在挖掘建楼地基。突然，挖掘机碰到了泥土中有坚硬的东西。当挖斗拉起时，一大块木板被掀起，露出下面一个庞大的洞穴，里面还躺着一口精致的棺材。

“可能是古墓！”一群建筑工人意识到一个令人心跳的问题。于是，他们纷纷跳下去，用力撬开棺材板。果然，棺材里躺着一个穿着华丽、带金挂银、面容鲜活的年轻女子。棺材里还有一定数量的陪葬品。一阵惊奇之后，便是你抢我夺，女尸的身体被翻动，金银首饰就被劫掠一空。“发现了古墓！”消息不胫而走。很快，公安人员和考古工作者赶到现场，周围挤满了围观的人群。这确是一座古墓！古墓棺木之考究，葬法之科学，尸体保存之完好，陪葬衣服、首饰之珍贵，不要说一般平民，就连显贵之家也难以办到。在平原地区，特别是在黄河冲击平原地区的一个地势低洼的普通县城，竟然有保存如此良好的墓葬，不仅罕见，而且是一个奇迹，更是一个难解之谜！

古墓概况

这座古墓葬具由外棺木、中棺、内棺三部分组成。外棺椁已朽，中棺还完好。内棺造型精美，朱红如新，为质地坚硬的楠木，且造型与当地现在的棺木截然不同，前后皆为圆弧形。棺、椁之间用糯米汁拌石灰填塞。揭开盖在墓主人身上的罗锦被，是一具面目清秀、神态安详、穿戴华贵的年轻女子。她头戴古代女子的黑色葬帽，帽前端中心有一枚纯金帽花。帽花分三层：第一层是刻有花纹的圆形图案；第二层是圆形寿字图案；第三层是鸡心形图案，上刻九枚菊花，每枚菊花须在放大镜下才能看清。考古专家说：此帽花为捻丝精工做成（捻丝相当于头发丝的十分之一）。据说与定陵出土的皇后凤冠工艺等同。墓主人头发乌黑，梳理成古代盘于脑后的圆转发形，上别一对赤金簪。双耳戴一对“鲤鱼跃龙门”图案的赤金耳坠。据说这又与定陵出土的皇后耳坠相仿（皇后的耳坠悬挂的是玉兔）。所有金饰上都有铭文“元吉”。“元吉”是首饰作坊的店号，是吉祥语，还是墓主人的名字？有待考证。墓主人脖颈上挂一串用紫檀木雕刻而成的大小不同的佛珠，夹着一颗椭圆形珠坠，上刻着精细美丽的图案。该女子身着四层衣服：最外层是用五彩丝线绣成的官服，前胸后背正中各绣有金丝“麒麟”的补饰图案，下有“双龙戏珠”圆寿图案；下摆用金黄色丝穗织成方格网状，中间串有银珠；第二层衣服是江南真丝偏领大褂，前胸是“团龙”图案，下边是“双龙戏珠江牙海水”图案，两肩绣有“龙凤呈祥”图案，两袖口是单独缝制上的，上绣龙形图案，美丽鲜艳，栩栩如生，

清代古墓

砀山梨园墓中的棺木

第一、第二层衣服出土后为黑色，里子均为黄色；第三层衣服上身是黄色真丝偏领褂，腰系同色八幅罗裙，俗称紫罗裙，均有美观的“龙凤呈祥”刺绣图案，但绣针法与前两层衣服不同，黄色腰带上刺有美丽的“菊花牡丹”图案；第四层是粗布内衣裤。经考古人员鉴定，衣服上的刺绣均出自江南刺绣名家之手，“三寸金莲”上穿黑色短筒靴，靴帮为丝织物，靴子前端为鹰嘴形。

据考古专家根据陪葬物品推测，女尸头下枕的，口中衔的，手中拿的，背下垫的，腋下夹的，头上戴的，还会有贵重之物，只可惜被无知民工抢走，多数没有追回。

目击者介绍，刚开棺时，棺内香气四溢，女尸面目清秀，神态安详，像正在酣睡的美人。面部、腹部肌肉且有弹性，衣物完好无损、色泽鲜艳。这具女尸出土后月余仍不腐败变质，衣物保存完好。专家们分析大致有三种原因：一是葬具好，封闭严密，石灰层有杀菌防潮作用，楠木棺无一根钉子，均是榫槽相扣，严密无缝，且棺木油漆数遍，光照人影；二是埋葬深，在地下 4 米深处，开成恒温恒湿空间；三是女尸身下铺棺褥里有大量的灯芯草及麝香，帽子上残存着冰片，由于长时间封闭，尸体吸入了大量防腐的名贵中药材，另外尸体后背有蜡样的东西，尚不知是何种防腐剂。

脱去衣帽，该女尸保存完好，肢体匀称，身材修长，椭圆形瓜子脸，脚很小，因多年缠裹之故，仅大拇趾凸现在外，趾盖尚存，“三寸金莲”名副其实。骨盆紧锁，尚未生育，牙齿轻度磨损，推断年龄不过

30岁。

尸身长164厘米，毛发浓密乌黑，发型圆转，用两枚金簪盘于脑后；面部暗灰，神态安详，呈睡眠状，皓齿完好；胸腹部塌陷，内脏皆在其中；手臂肌肉丰满，手指修长，指甲饱满，可清晰看出涂有红色指甲油；腿上肌肉也很丰满，且有弹性，至今关节仍可曲直，全身多处肌肉仍可针剂注射。最为引人注目的是：墓主颈部咽喉处有“T”形剑类锐器致命伤痕，喉管、动脉、静脉血管全被切断。更奇怪的是，女尸臀部尾骨处竟长有椭圆形扁平肉囊。

墓中大部分随葬品被抢走，现经砀山县城公安分局追回的随葬器物有：金簪两枚、耳环一枚、朝珠下的胸坠一枚、帽花一枚、铜钱数枚、佛珠一串。金簪、耳环、帽花均为赤金锻造，花纹精美，细小入微。其耳环锻有“鲤鱼跳龙门”图案，鱼身上之鱼鳞清晰可见，龙门形象逼真，可谓巧夺天工；佛珠是檀香精雕细刻而成，形状各异，清香四溢，其椭圆形珠坠上的佛家图案工艺考究。

有关传说

墓主人是谁？为何埋葬在这里？一时成了人们议论的话题，更成了文物工作者研究和探讨的课题。

有一个流传在砀山民间的凄婉的故事：

清朝乾隆帝六下江南，其中一次在砀山县盘龙集（在今葛集镇境内，仍有该村）设行宫，乾隆在此住宿时，县令把

墓主的衣服

葬的女子，就是当年乾隆皇帝收留在行宫里的女子。这只是对应民间的传说，而无文字实据。如果有具体或翔实的史料记载的话，也不会给后人留下那么多难解的谜。

清朝服饰

一个从蒙城逃荒到砀山的美貌女子献给了他。乾隆见此女子面容清秀，亭亭玉立，仪表不俗，的确是天姿国色，龙心大悦，于是就把此女子留在行宫小住数日。乾隆继续南巡时，遂命砀山县令将此女妥善奉养。哪知此女子怀孕的消息传到了皇宫里，尚无身孕的皇后嫉妒心切，就派人杀了她。后乾隆皇帝得知，痛惜莫及，下令厚葬。

砀山现存的明崇祯十二年版本和清乾隆三十二年版本县志中都没有关于这座墓葬的记载，以后的史料和档案材料中也无可查考。我们只好这样推断：在砀山出土的这位得到厚

另一种推测

从该古墓出土的葬具（柏木为上等木料，楠木价格昂贵）、器物（随葬首饰）、墓主衣着（龙凤图案衣）及其生理特征（手掌、指甲等）判断，该女性生前生活在上层社会，养尊处优、曾受皇封（封建时代只有受过皇封的人才可着龙凤图案衣）；从出土的器物（“康熙通宝”铜钱）判断，墓主丧葬时代当为清代康熙晚期。

因该墓主身着绣有金丝麒麟的官服，据《明朝典制》记载，明清官服前胸和后背缀有金丝绣成的摆巾，称作“补子”，也规定文官用十种飞鸟代“背胸”，是代表品级的徽识。明洪武二十五年规定，公、侯、

驸马、伯常服绣麒麟、白泽，并且替品级，武官用六种走兽代替，并且规定平民女子首饰不准用金玉、珠翠，只准用银。

清军入关后，官服和社会制度均沿袭明朝，对“补子”的规定是一品武官官服用麒麟。由此推断，墓主生前应有前清皇宫相当级别的身份。

还有专家认为，最有说服力的说法就是：这具女尸是乾隆皇帝十分爱慕的香妃。

关于香妃，早在1937年，我国清史专家孟森就经过翔实的考证，认为香妃即容妃，并著有《香妃考实》。1914年，故宫还展出了乾隆时宫廷画家意大利人郎世宁所画的10多张宫中美人像油画。其中有一张“香妃戎装像”最引人注目，画中所记文字也证实确有香妃其人：“香妃者，回部王妃也。多姿色，生而体有异香，不假熏沐……”

绕在缙云古墓上解不开的谜

缙云一处明朝古墓群向世人露出神秘面容。古墓的5个墓穴紧紧相邻，且一字排开。墓穴里有木炭、砖头，但古人的尸骸却不见踪影，只给后来掘墓的人留下一面菱花铜镜和5只青瓷小罐，以及一团难以解开的谜。

拖拉机后轮“碾出”明朝古墓

在缙云东渡镇坑上村，邻村的一名村民正“突突”地开着拖拉机帮坑上村一家人运红砖。当拖拉机开至坑上村村中央——一个叫“坟墩”的晒谷场卸砖时，突然，拖拉机的一只后轮陷入了地面。大伙儿七手八脚地把砖头卸下后，天色开始慢慢地暗了下来。

第二天早上，有早起的村民去晒谷场想看个究竟。因为在村民看来，晒谷场本来又实又硬，最近一直没有下雨，晒谷场应该能承受得起拖拉机的重量，可是拖拉机怎么会陷下去呢？该村村民发现拖拉机后轮陷下去的地方有个黑乎乎的洞。村民好奇心大起，忙跑回家拿来锄头一挖，竟发现地下掩埋着一个用条石砌成的石室，石室顶部覆盖着的条石已经裂开，而昨天拖拉机的后轮正巧卡在条石的裂缝里。

这位村民的好奇心大增，继续往旁边开挖。接下来的情景令村民惊讶不已：在距晒谷场地面约20厘米的地面下，竟然“昏睡”着一处古色古香的墓群！

村民的保护意识很强，马上打电话告诉相关部门。接到

缙云秀丽风光

报告后，东渡镇派出所民警、缙云县博物馆工作人员等迅速赶往现场。古墓正式开挖……

经过一天半时间的挖掘，古墓群被打开，共挖掘出一面菱花铜镜和5只青瓷小罐。根据出土的菱花铜镜和青瓷小罐的纹饰、质地判断，这个古墓群属于明朝晚期，距今有400多年的历史。

古墓群被发现，有助于人们了解当时的历史和人文。但是，随着坑上这座古墓群的打开，带给人们的却是一个接一个的谜团。

埋在古墓里的三大谜团

谜团之一：古人跟现代人玩“空坟计”？

这个明朝古墓群有5个墓穴，大小形状都一模一样，坐北朝东南整整齐齐地并排着；墓穴的四壁皆用条石砌成，古时没有现代化的机械，如切割机等，但是墓穴里的条石方方正正，平滑齐整，令人不得不惊叹古人精湛的工艺水平。

听人介绍，这个古墓群每个墓穴内径长2.2米，宽0.7米，高0.64米；墓穴的每一个面都由两块条石组成，每个墓穴用4块条石覆盖，墓盖上留有子母口；每个墓穴内的北边还靠墙斜放着一块厚重的正方形砖头……

当工人把墓盖全搬开时，

发现墓穴里已经进水。令人惊愕的是5个墓穴里空空如也，连一片残骸包括一根头发丝儿也找不到。如果古人已风化腐烂，至少应该留下一点儿残骸吧，可是墓室里除了尘土外，干干净净。

难道古人已经预料到400多年后有人要挖墓，怕自己魂灵不得安宁而特意使了障眼法，跟现代人玩了一把“空坟计”？如果不是，难道此墓群已被他人盗过？

人们不灰心，继续往下挖。掀开墓穴底部的石板，人们在每个墓穴里发现一只青瓷小罐；在靠最西边的一个墓穴，应该是放置死者胳膊的边上发现了一面菱花铜镜。除此之外，每个墓穴里还发现有黑炭及两块相距一米长的条石（估计是为了防棺材受潮），古墓的四周垫有起码上10斤重的石头（估计是为了防墓室位移）……种种迹象表明，古人已做好下葬前的准备工作。

听挖墓的工人说，墓盖上的4块条石被用石灰和桐油调和起来的液体粘得非常牢固，没有被盗墓过的痕迹。可是，古人的尸骸又在哪里呢？

谜团之二：墓主是谁，哪里人？

墓穴里除了几块石头、砖头、菱花铜镜和青瓷小罐外空空如也，在场工作人员和围观群众都有些遗憾——因为，刚开始很多人都以为会挖出金银财宝，或具有考古价值的文物什么的。于是群众开始你一句我一言地猜测起墓主的身份来。

坑上村是一个“村史”不长的村庄，离缙云县城不远。听村里上了年纪的人讲，新中国成立前，坑上村这片土地还只是一片乱坟岗，当地老百姓叫它“坟墩”，国民党第三十三师曾把乱坟岗铲平，再稍加整理，把这儿变成练兵场。后来，国民党兵败了，才有人把家安在了这里，这才渐渐地形成今日的坑上村。按照村民的说法，这个明朝古墓群的墓主绝对不是坑上村人。

考古如同破案，循着一点

儿蛛丝马迹就有可能发现一些东西，也可以借此大胆假设，小心求证。

在5个墓穴里，每个墓穴都放着一只青瓷小罐，而一个墓穴里有菱花铜镜陪葬，按照明朝的民俗，青瓷小罐里一般装着五谷杂粮，这表示死者希望在阴间也能享受衣食无忧的生活。文物部门的工作人员分析：该墓葬群是研究当地民俗、葬俗的实物例证，同时也反映了明代厚养薄葬的民风。

有人说，坑上村有个邻村叫兆岸的，明朝时曾出过进士。那么，该墓的墓主会不会是那个进士？可是，挖掘人员费尽力气，在古墓群的前后左右仔细搜寻，就是找不到墓碑。

也有人说，五个墓穴紧紧相连，会不会是一夫四妻的墓？有的人立即反驳，女人爱照镜子，可是只有一个墓穴里有菱花铜镜啊。群众议论纷纷……

古墓群跨越400多年的漫漫时空，很多讯息都泯灭得无影无踪，留给后人的也许是永远都解不开的谜。

两个香妃墓到底哪个是真的

香妃，是一位带有传奇色彩而又惹人怜爱的女人。而关于她的归宿，曾有不同说法：一说她死后葬在河北遵化马兰峪的清东陵内；另一说认为她葬在新疆喀什东门外二里的一座伊斯兰教的墓券里。两个香妃墓，哪个是真的呢？

百余年来，关于香妃的故事在民间口耳相传。大意是说，清乾隆年间，有一位反清的回部酋长的妻子，长得异常美丽，而且身体散发出一种异香，被人称作香妃。清兵进入回疆，定边将军兆惠将香妃俘获后带回京师，进献给乾隆帝弘历。

乾隆皇帝像

皇妃墓

乾隆帝有意将她纳入后宫，但这位艳如桃李的王妃却对乾隆帝冷若冰霜。她袖中藏有数把利刃，一心想找机会刺杀皇帝，为她死去的丈夫报仇。乾隆帝十分迷恋这个身体生香的妃子，总希望她能回心转意，时常到香妃的住处小坐，并为她修梳妆楼。但香妃丝毫也不动心。年复一年，香妃思乡心切，常常凄然落泪。乾隆对香妃虽然无可奈何，但也不忍加害。一天，乾隆帝为了到天坛圜丘祭天，先到斋宫斋戒。皇太后乘机将香妃召来，要赐她一死。香妃听了顿首说道：“太后这样成全我，真是恩情天高地厚，我死之后，在九泉之下也感激您。”原来香妃早想一死了之了。太后命人将香妃缢死，当乾隆帝闻讯赶来时，香妃已经气绝，然而肤色如生。乾隆帝乃厚其棺殓，并按照王妃的礼遇把香妃遗体送往新疆安葬了。

1979 年 10 月，在清东陵中所传为香妃墓的容妃墓中出土了一批残碎物品，其中最有价值的资料有：棺木上描金的阿拉伯文字，译成汉文即“以真主的名义”；花白头发，扎有辫绳的长辫子；朝服与朝冠的残片；带有少数民族文字的八宝花绫以及带有江苏、江宁织造人名的妆花衣料等。这些物品经考证，并与传世的史料相对照，可以证实乾隆帝确实有一位香妃，而且颇为宠爱，但她是容妃和卓氏而不是传说中的那位香妃。

容妃深得皇帝宠爱，她曾随乾隆帝南巡江浙，东巡到泰山曲阜，还到过盛京（今沈阳）去拜谒清朝祖陵。在乾隆的35位后妃中，只有容妃是回族人，也只有她可以在宫中穿着本民族的服装。在封妃前夕，乾隆帝曾特地为她制作全部妃子冠服，如天鹅绒朝冠、染貂朝冠、吉服袍褂及项圈等饰物。为尊重她的民族习惯，宫内专为她设有回族厨师。容妃多次把回族的拿手名菜呈献给皇帝品尝。乾隆三十六年，时皇后已死数年，因为乾隆帝不再立皇后，所以容妃在宫中的地位不断提高，已是受宠的六妃之一。每次宫中赏赐哈密瓜时，皇帝总是把最上品的花皮回子瓜单独赏给容妃，其他妃嫔只赏给二等青皮瓜。在圆明园和热河澹泊敬诚殿的盛宴上，容妃都排列在显要的座次。初时为西边头桌，进而为东边头桌，在各妃中已名列第三了。

乾隆五十三年（公元1788年）容妃病逝，终年55岁。临终时，她把后事安排得很有条理。把几十年来在宫中所积存的物品，分赠给各位妃嫔、佣人和家乡的亲人们。容妃死后，因其信仰伊斯兰教，故她的棺木上刻有《古兰经》的经文，葬于河北遵化清东陵的妃子园寝内。1983年5月1日，园寝正式开放，并在享殿内举办了“香妃”展览，为传说中的香妃正了名。

至此，我们对史料中和传说里的两个香妃已然明了。但新疆那个香妃墓是怎么回事？按照清宫礼制，皇妃是不可能在死后送往万里之外的新疆去下葬的。有人推断，新疆的香妃墓，不过是那种只葬衣物不存尸首的“衣冠冢”，至于香妃传说的编造者是谁，用意何在，仍然没有人能解释清楚。

扑朔迷离的古墓文明

神秘的楼兰王陵之谜

追贼追出古墓，疑为楼兰王陵

楼兰是公元前后活跃在中国境内古代丝绸之路上的一个非常重要的国家，也是埋在沙漠中的西域36国之一。2000多年前，这个国家突然消失了。就在100多年前，瑞典探险家斯文•赫定发现了楼兰古城遗址并将之公布于世，随即引起了全世界的关注。从此，掀起了长达一个多世纪的“楼兰考古热”。

自楼兰古城被发现以来，中外考古界一直在一些重大问题上存在较大分歧，如楼兰到底是一个国家还是一个城市？楼兰的王都在哪里？楼兰是如何衰废的？许多专家认为，如能找到历代楼兰王的墓葬，这些问题就可迎刃而解。

在人们还在疑惑之时，一座极有可能为一百多年来中外考古专家梦寐以求的楼兰王陵的古墓被发现了，但这座古墓刚遭盗贼洗劫！

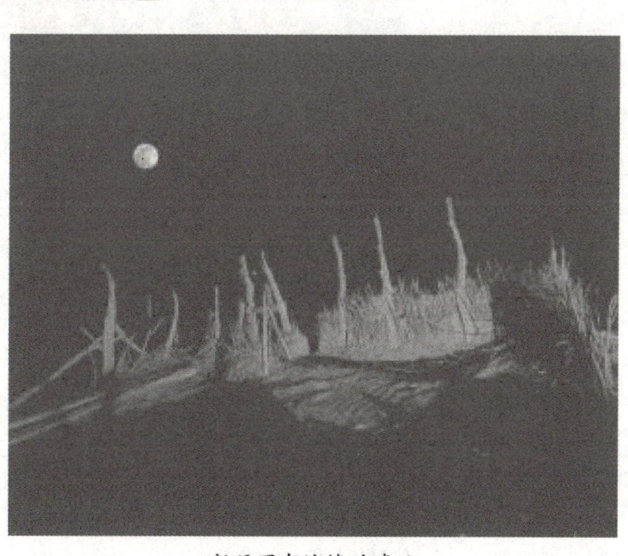

新疆罗布泊楼兰遗址

楼兰旧址

该车见有人，马上开足马力逃遁。探险队员顺着车辙追赶，意外地发现了被盗墓群的现场：几座坟墓已被挖开，棺椁、干尸、精美瓷片遍地都是。

率队从罗布泊出来的探险家赵子允向世人透露了两个惊人的消息。

说第一个消息时，满面疲惫的赵子允神色虔诚："我们可以确信发现了历史中的楼兰王陵！"

说第二个消息时，赵子允声音有些发颤："但这个历史博物馆已被盗贼洗劫！"

这一情况是一支在罗布泊进行科学考察的探险队发现的。这支探险队由乌鲁木齐市登山协会和中国科学探险协会组成的。其中有北京故宫博物院考古专家宗同昌。

探险队在罗布泊腹地考察时，一辆白色 212 吉普车突然映入眼帘。探险队员警觉起来。

在一座位于佛塔下的大墓里可以看到两个墓室，第一个墓室里有 5 具棺材，已被盗贼破坏，尸骨满地都是，地上还散落着丝绸碎片。墓室壁画之精美也令人惊叹，但已被破坏。进入第二个墓室，4 具彩棺已被劈开，干尸、丝绸碎片扔得满地都是。

古墓应为楼兰王陵的理由

"我们有四点理由可以证明这是楼兰王陵！"同行的北京故宫博物院文物专家宗同昌说。

古墓佛塔下面——按古楼兰习俗，地位越高的人，被埋葬的地点也就越高。佛塔是古楼兰人最尊崇的地方，这座墓地在佛塔下，那么说明墓中绝非常人。

墓室里放着 4 具彩棺——

以往楼兰也出土过一些彩棺，但那些彩棺比起这批发现的彩棺无论从规格、数量、做工、色彩上都差得极远。古楼兰人死后能用彩棺的都是很有身份的人，而这么好的彩棺也只有王公大臣才能拥有。

古墓内室壁画上群臣端坐——任何一个王公大臣的墓里都不可能会出现这种壁画，这在当时是犯禁的，因为只有帝王陵墓才可以有这种壁画。

古墓外室壁画上的金驼和银驼对咬——在古楼兰国，金驼和银驼是至高无上权力的象征，只有帝王才能拥有它，因此只能解释这座古墓为帝王墓。

考古界一片震惊

据新疆文物考古研究所研究员穆舜英说："虽然目前还无法认定古墓就是楼兰王陵，但可以肯定的是，这绝对是一座非同寻常的古墓。这之前，我们也在楼兰发掘过一些古墓，带回过一些文物，但从未见到过这么豪华的墓葬，特别是那些彩棺。而壁画，我们甚至听都未听说过。"

这次发现的古墓是不是楼兰王陵？目前考古专家还不能确定。因为在些研究古楼兰的著作中，还没有关于楼兰王死去要葬高处的说法，也没有金驼银驼的记载。

楼兰学会理事陶天亮认为，古墓被盗是此次比较重大的发现，它将给我们提供有关楼兰

被沙漠吞噬的楼兰古城

的重要信息。如果进行科学考证最终确认古墓是王陵的话，那么就可以认为，楼兰都城不是现在斯文·赫定发现的这个楼兰，而是如今被命名为方城的城市。同时，也证明了楼兰是由许多个城市组成的，而不是现在所认为的一个城市。

古墓是否为楼兰王陵

新疆文物考古研究所副所长张玉忠教授说，“楼兰王陵古墓被盗”一事目前还没有经过科学认定。

张玉忠教授说，依据这则消息，公众可以认为是“楼兰地区或其附近有古墓被盗”，但被盗的古墓绝对不是楼兰王陵。因为目前国际文物考古界还没有确定：1979年发现的楼兰古城就是楼兰古国的国都，而且这个被盗古墓中发掘出的彩棺及其他物品也绝对没有1998年发掘出的有“王、侯墓穴可能”的尼雅遗址豪华和完整；其次，由于楼兰古城自1979年被发现以来，它所指的土营、营盘、方城三处多次发生过文物和古墓被盗事件。因此，考古专家需要在勘测出被盗古墓的具体方位坐标之后，才能确定这个古墓是否是属于楼兰古城的区域之内。

楼兰“5号小河墓地”之谜

楼兰“5号小河墓地”在整部楼兰探险史中是最有名的遗址。楼兰人在这里为王族修建了寄托民族之根的陵墓，以一条运河——“小河”作为通向圣地的大道。

只要关闭运河龙口，让河床断流，这个墓地就会被“封闭”在一个不容外人侵入、打扰的禁地。如今这片神秘之域仍是个未解之谜。自从1934年探险家奥尔得克等人发现了那个“有1000口棺材的小山丘”——“5号小河墓地”后，60多年过去了，再没有人踏上去，重睹“楼兰公主”那“东方蒙娜丽莎”式的神秘微笑。

2000年，王炳华等一行人来到新疆孔雀河流域，那是一片无人地带，荒漠、沙漠交集。孔雀河已经断流，故道布满了沙枣、胡杨、红柳，且兽迹纵横。贝格曼当年划过船的小河，观察记录过的咸水湖，如今已化为沙漠和光裸的河滩。只有河谷台地上稀落的红柳沙包、枯死胡杨，在诉说60多年来这片地区巨大而激烈的地理环境变化。其中河水变化是导致这一环境改变的根本原因。

王炳华教授说，从蹄印观察，这些野生动物主要为鹅喉羚、塔里木兔、狼，也有可能是雪豹的痕迹。在考察过程中考古工作者曾两次发现珍稀濒危动物野骆驼。第一次是在北纬40度40分487秒，东经

楼兰小河干尸

88度28分387秒处，发现了一只野骆驼。另外在大雪之后他们见到一串野骆驼蹄印，蹄痕特别清晰。

到了孔雀河下游，王教授忽然看到一处形状特殊的大型墓地，凭着多年的考古经验，他断定其一定具有重大的考古价值。墓地是一个面积达2000多平方米，高6～7米的巨大圆形沙丘。它的顶部是100多根高2～3米的菱形木柱、卵圆形立木，中部为八菱形柱体，顶部呈尖锥状的木质立柱，其南北为立木围栅。立木周围，是丛丛密密的船形木棺，约有140座以上。大部分已被破坏，个别人体仍然暴露在地表。

一件形体大小如真人，宽胸细腰、臀部肥硕、女性特征明显的木雕像倾仆在巨型沙丘脚下。当年贝格曼报道过的另两名男性木雕像已经消失不见。

据王教授分析，这处古墓地绝不是一处普通的丛葬墓地，它实际上是孔雀河下游远古居民崇奉的神山。种种迹象表明：在这处丛葬墓地里，寄托着孔雀河下游远古居民对祖先虔诚的崇拜，他们祈求部落人丁兴旺，祈求获得强大的生殖能力。

与孔雀河下游距今近4000年的古墓沟墓地相比较，它们在埋葬习俗、棺木形制、死者衣帽样式、随葬草蒌等方面均有相同相通之处。只不过古墓沟墓地时代稍早，但它们都是孔雀河下游青铜时代的古墓葬遗存。

这对认识罗布泊地区古代文明、居民种族成分、农业、畜牧业经营及毛纺织、毛毡、皮革等手工业曾经达到的水平来说，是无可替代的重要资料，填补着相关研究领域的空白。

神秘的高句丽墓之谜

笼罩在神秘中的吉林省集安市

集安市是一座风光秀丽的边陲小城，也是历史文化名城之一（另一座是吉林市）。它地处吉林省最南部，长白山南麓，与朝鲜隔鸭绿江相望。集安山川秀美，气候宜人，被誉为“吉林小江南”。集安市历史文化十分悠久，建城已有2000年的历史。

早在公元3年，我国古代东北少数民族高句丽曾在这里建都，遗留下了大量文物古迹，如世界上最大的古墓群——洞沟古墓群，有“东方第一碑”之称的好太王碑……

神秘的高句丽墓

高句丽王国（公元前37～公元668年）是我国古代东北地区的一个少数民族政权。在其存世的705年里，“国内城”（今吉林省集安市区）作为这个强盛的地方政权的都城，延续了425年之久。由于高句丽人对死后人体的埋葬非常重视，因此坟墓修建得十分豪华坚固。在集安市鸭绿江畔的平地和山坡上，仍存在近万座高句丽古墓葬所组成的“洞沟古墓群”，它是国务院公布的第一批国家级重点文物保护单位。

在这些古墓当中，已发现有几十座壁画墓。这些壁画色彩绚丽，内容丰富，被誉为“东北亚的敦煌”。壁画内容既有伏羲、女娲、神农、四神等人物传说和珍禽异兽，又有反映贵族生活和社会风俗的艺术内容，是研究高句丽历史的难得史料。集安市的一些古墓早年曾被盗掘。为保护这些古墓，除了对游客开放的个别墓葬外，其余墓门全被文物保护部门封死。

神秘的少数民族地方政权

高句丽是我国古代东北地区的少数民族，早在周秦之际就生活在浑江、鸭绿江流域，其先人早在处于部落状态时就臣服于周。

公元前 37 年，朱蒙（又称邹牟）在汉朝玄菟郡管辖的范围内建立政权，都城建在纥升骨城（今辽宁桓仁县城一带），史书记载为高句丽国，实质上是我国东北历史上的一个地方政权。

公元 3 年的冬天，高句丽第二代王“琉璃明王”将都城迁到“山水深险、地宜五谷，又盛产麋鹿鱼鳖”的“国内城”，即今天的吉林省集安市区。公元 427 年，高句丽迁都平壤。

高句丽人骁勇善战，加上一些国王在位时东征西讨，国力最强盛时称雄东北地区和今朝鲜半岛北部，并觊觎中原地区，从而多次招致中央王朝的征伐。统一强大的唐王朝建立后，因朝廷不能再容忍地方割据势力的存在，遂于公元 668 年联合朝鲜半岛南部的新罗国，经艰苦征战，灭掉高句丽国。

据我国研究高句丽问题的权威专家介绍，高句丽国历时 28 代王而灭于唐之后，其民族政权和族称随着一并消失了。在其遗民中，大多数被迁移到江南和中原地区，以后逐渐融入汉族；一部分流入渤海国和突厥，后来也与汉民族融合；只有一小部分（约 1/7）的高句丽人融入新罗而成为其国民。但无论是后来的渤海国还是新罗国，乃至公元 918 年王建建立的“高丽国”，与高句丽国都没有传承关系。现代朝鲜半岛上的朝鲜族与高句丽族也不是一个民族。

神秘的“好太王碑”

“好太王碑”是高句丽第十九代王——“国冈上广开土

境平安好太王”谈德的记功碑。碑由一整块天然角砾凝灰岩雕琢而成，高 6.9 米，宽 1.45～2.0 米不等，呈方柱形。碑的四面刻有汉字隶书碑文，共 44 行。原有 1775 个字，但经过风雨剥蚀和其他原因，损坏了部分文字，现在能认清的将近 1600 个字。该碑文记述了高句丽王国的起源和建国的神话传说，记录了“好太王”一生的东征西讨、开疆拓土的功业，以及 330 家守墓“烟户”的来源及守墓制度。

“东方金字塔”——将军坟

在集安市东北的龙山脚下，还有一座方形阶梯式石质古墓，因其规模宏大，形似埃及金字塔，故又有“东方金字塔”之称。这座古墓就是建于公元 5 世纪初的将军坟。将军坟是高句丽第 20 代王“长寿王”巨琏的陵墓，它用 1100 多块花岗石砌成，共有 7 级。墓高 12.4 米，底部面积达 997 平方米，墓顶面积约 270 平方米，坟的四周各有 3 块护坟石，每块重达 15 吨以上。考虑到当时的经济发展水平和建筑手段，有关专家认为，将军坟的建造同埃及的金字塔一样，至今还是一个未解之谜。

西夏王陵之谜

历史上的西夏疆域包括今天的宁夏全部、甘肃大部与青海、内蒙古、陕西部分地区，它创建了独特而灿烂民族文化的强悍王朝。意大利旅行家马可·波罗在其游记中即有描述，并称赞这里织造的驼毛布为“世界最美”。

西去银川约 30 公里，在贺兰山东麓山脚下一片方圆约 50 公里的高敞平地上，错落有致地分布着数座黄土夯筑而成、大小不等的山丘形建筑遗迹。这就是有名的西夏王陵。这些本为陵台的圆锥形土丘，是那个在 800 年前消失的王朝现存最直观的地面遗迹。

西夏古墓出土文物

公元 1038 年，活动于中国北方的党项族人李元昊，在父辈留下的基业上建立了大夏国，国都即在今天的银川市。因为地处西北地区，特别是在黄河以

存留西夏王朝遗物的博物馆

西，史称“西夏”。它先后与北宋、辽及南宋、金鼎足而立，后为成吉思汗的蒙古大军所灭，历时189年，共历10位君主。

人们总是用“神秘”、“像谜一般”来形容西夏，因为关于它没有一部官修史书。元朝史家修著了《宋史》、《辽史》和《金史》，唯独不给西夏修撰足够分量的纪传体正史；被公认为集中国古代史书之大成的《二十四史》，也独缺西夏史。而本来留存就不多的原始历史资料，在本世纪初时还被俄罗斯人和英国人大量携往海外，使近代中国史学界对西夏的研究工作变得更为艰辛。

它的一切——文化、建筑甚至民族本身，似乎是在一夜之间就灰飞烟灭了。据史书记载，党项族人曾6次大败由“一代天骄”成吉思汗率领前来征讨的蒙古大军。成吉思汗至死未能征服西夏，并在临终时留下了彻底毁灭西夏的遗嘱。于是，蒙古军队在诱降末代西夏皇帝后，不仅杀掉了李姓西

西夏王陵石雕

夏皇族，还对党项族人施行了灭绝人性的屠杀，并捣毁了宫院陵寝和大量西夏典籍文物。

曾为西夏国中心地带的宁夏，是存留王朝遗物较多的地区，王陵是其中最重要的一处。陵区东西宽约5公里，南北长有10公里，虽然可确定其间分布着9座帝王陵和208座陪葬墓，但对于9座王陵具体属于哪位皇帝尚无确切答案。

帝陵均坐北朝南，每座面积都在10万平方米以上。除了光秃秃的土筑陵台幸存至今外，其他地面建筑悉数被毁，碑刻、砖雕等都化为断碑残片。在那些原本为八角形塔状陵台的四周，还可以捡到当年将其装饰得漂亮辉煌的琉璃瓦与青砖碎块。

当人们站在这空旷寂静的荒野中，伴着座座黄土墓丘，断墙残阙，会感到时间似乎有些停滞，悠远的历史沧桑似乎在缥缈隐现，而那个消失的王国愈发显得扑朔迷离了。

近年，这处在荒凉中沉寂数百年的遗迹逐渐热闹起来。当地政府将其作为促进旅游业发展、吸引四方游客的一大亮点，在精心维护的同时进行了开发。现已在陵区附近建起一座博物馆，并计划再修一座民俗风情园，其中将设置与西夏历史文化有关的骑马、射猎等游乐项目。

尚未解开的“响水阶”之谜

拾级而上，水声叮咚，但闻水声，不见水踪。位于河北省磁县境内一段被称为“响水阶”的古墓青砖台阶，因游人“踏阶而响水声”，吸引了不少专家学者和旅游爱好者探究个中缘由，但经多方考证至今尚无人破解。

磁县方圆几百里的平原地带埋葬着众多皇族，经历了1000多年，这片风水宝地上仍然能够看到一个个突出的土包，有名的“天子冢”是其中最大的一座土包。“天子冢”修建得非常高大，据介绍封土有30多米，占地20多亩，民间百姓也叫它平顶山，渐渐地平顶山上修建了不少庙宇，为了方便游人上下行走就在墓冢的北坡修建了台阶。“天子冢”历史记载为东魏孝静皇帝之墓，古墓封土高25.3米、周长750米，上有若干小庙，整个陵区占地20余亩，为古代宏伟的陵寝之一。从南面登上“天子冢”最高点，北面下坡一段普通青砖台阶便为

天子冢

“响水阶”。人未到台阶中部，就有叮咚水声伴随着脚步的节奏响起，愈远愈响。点燃鞭炮扔在台阶过道上，在鞭炮声的震击下，不知从何而来的水声更显清脆悦耳，似乎在和着鞭炮声共鸣。一边踏着石阶，一边听着水声，令游人忘却了攀登的辛苦，在好奇地探询响声何来的思考中，游人不知不觉就到达了墓顶。

据风景区工作人员介绍，“响水阶”建于1994年5月，先在陵墓北侧建了一条登墓台阶，后来又在墓顶建了观音阁，是为了方便游人上下墓冢而修筑的青砖道路。石阶建成后，人们偶然听到了流水响声，本以为是地下有暗流涌动，但经勘测发现地下是实心的。

奇妙的流水响声引发了人们无数猜测，当地流传着水声台阶是被毒死的东魏皇帝元善见千年后不甘冤死的诅咒之音，据史载孝静帝能文善武，品行高洁，后在宫廷斗争中被毒死，年仅28岁。关于“响水阶”的传说并不止此。从此，“响水阶”就成了一个难解之谜，许多中外专家勘察研究也没有结果。

古墓中神奇的千年不灭之灯

古墓往往与世隔绝，使宝物历经千年还保存得相当完好。在这终年不见天日的古墓中，盗墓者通常会认为里面应该是伸手不见五指。可是他们有时却惊恐地发现，在一些古墓的拱顶上，一盏明灯投射着幽幽的光芒。

古人的魔咒

如此神奇的长明灯为何没有保留到今天？古代人对所发现的长明灯不够重视吗？其实古代人的确保存这些神灯，可是很奇怪，上述这些灯一旦现身，就会以某种方式很快毁坏掉，例如被野蛮的掠夺者和挖掘者毁坏。难道古人在利用某种魔咒来保守他们的技术秘密？

17世纪中期，在法国的格勒诺布尔，一位叫杜·普瑞兹的瑞士士兵偶然发现了一个古墓的入口。费尽九牛二虎之力进入古墓后，这个年轻人并没有发现任何他想要的金银珠宝。不过，让他更惊讶的是，在这与世隔绝的坟墓里，竟然还有一盏正在燃烧的玻璃灯，惊异之余，他把这盏神秘的灯带出了坟墓，送给了修道院，修道院里的僧侣们同样目瞪口呆，这盏灯至少已经燃烧了千年。他们像宝一样保存着它，可惜的是，几个月后，一位老年僧侣竟然不小心把它碰掉在地上，摔碎了。

另一件趣事发生在英格兰，一个神秘的不同寻常的坟墓被打开了。打开这个坟墓的人发现，在坟墓拱顶上悬挂着一盏灯，照亮了整个坟墓。当这个人往前走时，地板的一部分随着他的走动在颤动。突然，一个身着盔甲、原本固定的雕像开始移动，举着手中的某种武器，移动到灯附近，伸出手中的武器击毁了这盏灯。这个宝贵的灯就这样被毁坏了。

古人的目的一次又一次地达到了：灯的奥秘被严密地保守着，再也没有后人知道。

神灯屡次现身

公元 527 年，叙利亚处于东罗马帝国的统治时期，当时在叙利亚境内的东罗马士兵们曾发现，在一个关隘的壁龛里亮着一盏灯，灯被精巧的罩子罩着，罩子好像是用来挡风的。根据当时发现的铭文可知，这盏灯是在公元 27 年被点亮的。士兵们发现它时，这盏灯竟然已经持续燃烧了 500 年！遗憾的是，野蛮的士兵们很快毁坏了它，这盏神秘的灯的原理已无人知晓。

一位希腊历史学家曾记录了在埃及太阳神庙门上燃烧着的一盏灯。这盏灯不用任何燃料，亮了几个世纪，无论刮风下雨，它都不会熄灭。据罗马神学家圣·奥古斯丁描述，埃及维纳斯神庙也有一盏类似的灯，也是风吹不熄，雨浇不灭，真有点像从《西游记》所述的火焰山上寻找的火种。

公元 1401 年，考古学家在意大利罗马发掘一座帕拉斯墓穴，整个墓穴被一盏明亮的灯照亮着，这盏灯在墓穴里已经燃亮了 2000 多年而没有熄灭。直到考古学家把墓门打开后才自动熄灭。

公元 1534 年，英国国王亨利八世的军队冲进了英国教堂，解散了宗教团体，挖掘和抢劫了许多坟墓。他们在约克郡挖掘罗马皇帝康斯坦丁之父的坟墓时，发现了一盏还在燃烧的灯，康斯坦丁之父死于公元 300 年，这意味着这盏灯燃烧了 1200 年！

公元 1540 年，罗马教皇保罗三世在罗马的亚壁古道（一条古罗马大道）旁边的坟墓里发现了一盏燃烧的灯。这个坟墓据说是古罗马政治家西塞罗的女儿之墓，西塞罗的女儿死于公元前 44 年。显然，这盏灯在这个封闭的拱形坟墓里燃烧了 1584 年！更有趣的是，坟墓里的尸体浸在一种未知的液体中，看起来像是刚刚才死去一样，原来古人用这种液体来保存尸体。

公元 1845 年 4 月，考古学家在罗马附近发现一位古代年轻女子的石棺，她全身的肌肉还没有腐烂，像活人一样完好无损，面容未变。当打开她的石棺时，考古学家被石棺内一盏明亮的古灯吓住了。为什么古灯在已经掩埋、密封了的坟墓或石棺里能燃烧多年而不熄灭呢？这些古灯的光源究竟是什么？至今仍然是无人揭晓的谜。

这些长明灯只是其中几例。考古记录显示，这种古庙灯光或古墓灯光的现象在世界各地都有发现，例如印度、中国、埃及、希腊、南美、北美等许多拥有古老文明的国家和地区，就连意大利、英国、爱尔兰和法国等地也出现过。

长明灯，谁之杰作

这种不寻常的灯代表着远古的高科技吗？我们的祖先是如何发明出这些永不熄灭的灯？

不熄之火最早出现在各种神话故事中。据说这种不熄的火光是天宫之火，是普罗米修斯把它偷偷带给了人类。总之，人类由于机缘巧合，知道了这个秘密。也许是某位先哲把它传给了人类，就像神农氏教会了人类种植农作物，有巢氏教会了人类建造住所一样。一旦人类得知如何制造永久的灯光时，消息不胫而走，全世界的庙宇都想装上这种永不熄灭的灯。

根据古埃及、希腊和罗马等地的风俗，死亡的人也需要灯光驱逐黑暗，照亮道路。因此，在坟墓被密封前，习惯放一盏灯在里面。而富贵荣华之家就要奢侈一些，放上一盏不熄的灯，永远为死者照亮。千百年以后，当这些坟墓的拱顶被打开时，挖掘者发现里面的灯还在好好地燃烧着。

制造不熄的灯，古人是否轻车熟路？并非如此，一般平民的墓穴里都并没有这种灯。不过，并不富贵奢华的古代炼金术士的墓穴里也会出现这种灯。例如，公元1610年，一位叫洛斯克鲁兹的炼金术士的坟墓在他死后120年被掘开，人们发现里面也亮着这样一盏不熄的灯。于是人们怀疑古时的炼金术士和铸工懂得制造这种长明灯的技术。难道不熄的灯光与金属有关？

长明灯不熄之谜

遗憾的是，这种不熄的灯现在再无踪影，那些过去记载的见闻是不是真实的呢？永不熄灭的灯很自然成为学术界争论的话题。一部分人认为，世界各国有关长明灯的记录足以让人肯定，确实存在这样一种不熄的灯，或者长久燃烧的灯，只是技术失传，我们现在的人理解不了。中世纪时期的大部分有识之士认为，确实存在这种不熄的灯，并且认为这种灯具有某种魔力。另一部分人则认为，虽然有那么多有关长明灯的记录，但现实中并没有一盏长明灯摆在众目睽睽之下，而且这种灯的能源问题严重违背能量守恒定律，因此这种不熄的灯应该不存在。还有许多人认为，这也许是古人在书中开的一种聪明的玩笑。

如果长明灯真的存在，那么它们的能量来源是什么？或者它们并不是永久长明的，但千百年长久地燃烧，若是普通的煤油灯，就要耗费多少万升的煤油。难道它们的燃料是能够不断补充的？中世纪以后，许多思想家曾经试图用补充燃料的方式制造一盏长明灯，即在燃料将耗尽时，快速补充燃料。但是没有一个实验成功过。即使利用现代的燃料连续补充技术，制造一个千百年长明的灯，也不太现实。

还有一些人大胆推测，这种灯就是使用电的灯，灯碗里那看似燃料的液体可能就是用来导电的汞，所以“燃料”看起来永不见少，这种用电的灯也不怕风吹雨打。古时的希伯来人就秘密地保守着现代叫做电的技术。据描述，13 世纪，一个叫杰彻利的法国人拥有一盏灯，没有任何油或灯芯。通常灯被放置在他房间的前廊，每一个人都可以看见。当杰彻利被问及灯为什么会亮时，他总是微微一笑："保密!"杰彻利做过许多与电有关的实验。为了保护自己不被仇家侵犯，他发明了一种放电按钮，能够放出一股电流到门上的铁把手。当杰彻利按下按钮时，闪亮的蓝色火花就会突然冒出来。

如果神灯真的是用电能点亮，那么电能是如何产生的?难道庙宇或古墓中安装有能够发电的机器吗?要做到一劳永逸地不断供应电能，只有太阳能发电可以做到。神灯真的是利用太阳能发电吗?古人似乎不愿告诉我们秘诀。

古坟林和古城遗址之三大谜团

从永胜县城乘车经瓷厂东驶 30 公里，到六德转向北，沿一条崎岖的土质公路再行 10 公里，就到了云山村（也叫营山）。

云山村和其南北的玉水村、双河村是他留人的主要聚居地。

在这里下车，上公路东侧的山坡，顺一条古驿道穿寨过田，1 小时后就到了三个村交界点的宗支山。这是他留人的祖坟山，古坟林、古城遗址和粑粑节会场“祭祖堂”都在这里。

宗支山上有个圆木搭成的大秋千架，架旁有两幢土墙灰瓦房屋，屋前有空坪的一幢是“祭祖堂”，另一幢是“他留坟林及古城文物管理所”。

古坟林隐匿在“管理所”之东、松柏相间的山坡上，约 3 平方公里的区域内，分布着上万座他留古墓，可辨认碑文的就有 3000 座。带着三个谜走入古坟林，便可脉络清楚地看这个景点。

首先是它的辉煌之谜。所有墓都用青石垒成，且是扣着“石帽”的建筑风格，有的还立着华表显示墓主身份的尊贵，有的刻着图腾神兽。最早的古墓建于明嘉靖年，最多的是清代。这样罕见规模的古墓群，对仅有 20000 人口的他留人是个奇迹。而当年的他留人曾是一支什么样的民族，则是一个无法知晓的谜。

其次是它的汉文化情结之谜。你会注意到，他留人有自己的语言，而古坟林的碑文却都使用汉字，且用语严谨，词句规范并不亚于中原古墓，这与现实生活中他们说他留语而写汉语的情况相吻，很久前的他留人和汉族是什么关系呢？

最后是它的布列之谜。细细看，你会发现整个古坟林以姓氏划成不同片区，同姓葬在一个片区，绝不混杂，他留人的所有姓氏都有自己的坟区，沉寂的墓群仿佛是一支建制严格的军队，它是昭示着什么吗？

古城遗址紧依在古坟林之南，这里东、北、南三面环山，西南是开阔的坡地，东西、南北各长约500米，山上筑有城墙，今天看遗址，仍可想见它当年的易守难攻。而百年前，它却谜一样被毁弃，从此没有一户他留人返回近在咫尺的城址。现在遗址上的自然村叫营盘村，村民全是后迁来的汉族。

走入遗址，你还能在营盘村东侧的村道上，找到残破的古排水沟旧痕和城门石狮的台基，以及几个石砌的古水井，几段掩在灌木丛中的城墙断基。遗址东侧还有一个叫“大德寺”的古迹，散落的残砖断碑可以猜想此寺当年的香火兴盛；遗址南侧还有一叫“梅云洞”的石崖，崖壁上有北胜州土知州高斗光题于1661年的字刻：“谁能超世界，共坐白云中”，龙飞凤舞蹈家、闲脱志高的笔迹也只是佑证此城谜一样的曾经有过的辉煌。

神秘的南马特尔之谜

在南太平洋波纳佩岛的东南侧，复活节岛的西侧有一个名叫“泰蒙”的小海岛，人们也管它叫做“墓岛”。那么，它为什么又叫做“墓岛”呢?

泰蒙岛有一处往大海里延伸的珊瑚浅滩，浅滩上面耸立着 89 座高大雄伟的建筑物。这些建筑物全都是用巨大的玄武岩石柱纵横交错搭起来的，大约有 4 米高。人们如果站在远处望去，它们就好像是一座座怪石嶙峋的山峰。如果走近了再一看，它们又好像是一座座神庙。有人说这些建筑物是远古时代人们的坟墓，它们之间环水相隔，形成了一个个的小礁岛。所以，人们就管泰蒙岛也叫“墓岛”。

泰蒙岛是一个非常小的小海岛，岛上没有玄武岩石头，人们建造那些建筑物用的玄武岩石头都是从波纳佩岛运送过来的。当地人把这些建筑物叫做“南马特尔”，我们就管这些建筑物叫做“南马特尔遗迹”吧。“南马特尔”在波纳佩语中，这个单词有两个意思，一个是“众多集中的家”，另一个是“环绕群岛的宙宇”。

泰蒙岛上的南马特尔遗迹有一半都是淹没在海水里。所以，人们只有在海水涨潮的时候，划着小船进去。当海水退潮时，这些建筑物的周围就会露出一大片特别泥泞的沼泽地，小船根本进不去，人要是走上去特别危险。

泰蒙岛上的南马特尔遗迹和复活节岛的石像都处在太平洋当中，可前者却没有复活节岛那么有名。不过，南马特尔遗迹充满了离奇的传说，给它蒙上了一层特别的色彩，这使得它的神秘并不亚于复活节岛的神秘。还有，南马特尔遗迹到底是怎么建造起来的，更是一个难以解开的谜团。据考古专家说，解开南马特尔遗迹的这个谜团的难度并不亚于解开复活节岛之谜的难度。

南马特尔遗迹的那些古代坟墓，没有一点儿文字记载。据当地的人们说，关于那些古代坟墓的来历，都是靠当地酋长一代一代地口头传授下来的。酋长们之间到底传授的是什么内容，只有酋长自己和可继承酋长宝座的人才知道。另外，酋长们在口头传授那些古代坟墓来历的时候，还有一条特别严格的规矩，就是绝对不能向外人、哪怕是自己的亲属泄露出去，不然的话，就会遭到诅咒，死神就会降临到他们的头上。当地人说，别以为这是在吓唬人，因为这种可怕的事情确确实实发生过！

1907 年，德国军队占领了波纳佩岛后，有一个名叫伯格的德国人担任了波纳佩岛第二任总督。据说，这个伯格总督对南马特尔遗迹特别感兴趣，尤其对埋葬着一个叫伊索克莱酋长的那座坟墓充满了好奇心，总想把坟墓挖开看一看。

有一天，伯格想尽一切办法，终于从当时酋长的嘴里了解到了一些关于那座坟墓的情况。于是，他立刻下令挖掘伊索克莱的坟墓。没想到，诅咒应验了，死神降临到了伯格的头上。在他下令挖掘伊索克莱酋长坟墓还不到一天的时间里，他就突然暴死了。

19 世纪，有一个名叫伯纳的德国考古学家听说了南马特尔遗迹的事情以后，也前来发掘文物。结果，死神很快就降临到了这个伯纳的头上，他也同样莫名其妙地暴死了。

神秘的南马特尔遗迹，可怕的诅咒，可怕的死神！第二次世界大战的时候，日本侵略军占领了波纳佩岛。有一个名叫杉浦健一的日本学者，他表面上是个所谓的“学者”，可内心里却是一个名副其实的侵略者。杉浦健一心想：南马特尔遗迹里面一定有大量的文物，这要是把它们弄到手，不仅可以写出令人惊叹的学术论文，还可以得到数不清的财宝呀！可是，不了解那些古代坟墓的秘密，就没办法把它们挖掘开？那么，怎样才能得到那些古代坟墓的秘密呢？杉浦健一立刻命令几个士兵去抓酋长。

酋长被日本侵略军抓来了。杉浦健一命令几个士兵把刺刀架在酋长的脖子上，然后慢条斯理地说道："你快点儿把那些古代坟墓的秘密说出来吧。你要是不说实话，这些士兵的刺刀可不是好惹的呀！"说完，他冲着酋长发出了一阵"嘿嘿嘿"的冷笑。酋长面对侵略军的刺刀，想了想，只好把古代坟墓的秘密说了出来。

没想到，几天以后，晴朗的天空突然亮起一道道闪电，随着又响起了一阵阵霹雳。这个酋长正在房屋里待着，突然一道闪电闯进屋里，一下子就把他击死了。

那个杉浦健一正在屋子里，打算把记录的古代坟墓的秘密整理一下，将来好出版成书。他刚整理好了记录，突然暴死了。

后来，杉浦健一的一个学生拿着他的那些古代坟墓的记录，找到了一个名叫泉靖的教授，请他继续整理出版。奇怪的是，那个泉靖教授不久也突然暴死了。从那以后，再也没人敢去做这件事情了。

就这样，除了泰蒙岛的酋长，不管任何人只要想得到南马特尔遗迹的秘密，最后都是突然暴死的下场。那些泄露了南马特尔遗迹的酋长，不管他是怎样泄露的，也都同样突然暴死。

南马特尔遗迹是神秘的，那些诅咒更加神秘！

南马特尔遗迹究竟是怎么建造起来的呢？

近些年来，一些学者陆陆续续到了波纳佩岛，对泰蒙岛南马特尔遗迹进行了考察。他们认为，南马特尔遗迹这项工程简直太宏伟了，整个工程用了大约 100 万根玄武岩石柱。这些石柱是从波纳佩岛北岸的采石场开凿下来的，经过加工以后再用木筏子运送到泰蒙岛上。冒险考古学家丹尼肯曾对“南马特尔遗迹”作过考古报告，在他的著作中写道：

沉重的玄武岩

我乘坐波音727来到了“南马特尔”，在两个土著人的陪同下，我们经过了许多袖珍岛屿，然后南马特尔岛就出现在我们面前——一个和众多岛屿相似的岛屿。这个小岛与其他小岛不同之处在于它拥有奇特的东西。万神庙，小玄武岩城，史前居民难以置信的静谧去处，都出现在这个不比足球场大多少的小岛上。突然之间人们就站在了这些史前的佐证前面，而人们并没有做好这种“相遇”的准备。

如果人们极目四周，就会发现遗址地区虽是处在杂乱无章之中，但设施的平面图仍然清晰可辨。就如同在做棍棒游戏一样，无数大小棍棒都重叠码放，分层排列，井然有序。而这绝不可能是随便在这儿做的游戏，因为这些棍棒都是些有数吨之重的玄武岩圆柱和玄武岩石块。迄今为止所有研究结果都指向，这些玄武岩棍柱是冷却了的火山熔岩。依据火山熔岩完全标准，一米一米去度量，在大致相同的长度下凝结成六角或八角柱时，让人疑窦顿生。

鉴于在波纳佩岛北岸堆满了柱状玄武岩的事实，不理会这些符合一定尺寸进行凝固的火山熔岩柱的解释，专家们做出这样的假定：这种第一流且做了精密加工的建筑材料，是在该岛的北岸被切割开和进行加工的。波纳佩岛和南马特尔岛相距很远，运送它是极其困难的。因为平均3～9米长，往往超过10吨重的玄武岩块，可以说肯定要从波纳佩岛的北岸穿过迷宫似的丛林水道，经过几十个同样适合修建那些建筑物的岛屿被运往南马特尔岛。之所以排除在陆地上运送它们的可能，因为自太古以来的倾盆大雨，白天会反复淹没茂密的丛林。此外波纳佩岛是个多山的岛屿。如果人们还接受这样的看法，即丛林中的道路是随意可以开辟的，当时人已拥有能翻山越岭、钻掘开挖沼泽泥潭的手段，那么如此重物最终就能到达该岛的东南角，然后人们再把它们装到船上。

当地人们解释说，水上运输大概是通过木筏子进行的。这是一种看法，不过这种看法与一位学者的另一种看法又相矛盾。他的看法是：原始土著人把这些玄武岩块挂在他们的独木舟下面，用这种方式减轻重量，然后再逐块运往南马特尔岛。

主体建筑的玄武岩块，在60米长的一个地段上，共有1082个大柱子。该建筑呈正方形，这四面外墙表明有4782个部分。一个数学家根据宽和高计算了一下，连同用于充填建筑物的必要的玄武岩柱子的房间体积：主体建筑“吞掉”了约3.2万块柱石。但是主体建筑只是这个大建筑的一部分。

在这个岛上有多条水道，多座坟墓，多处隧道和一面860米长的大墙，大墙最高点为14.2米。呈直角大墙的主要地段建在烽台上，也是用第一流的玄武岩细方石修建，并呈阶梯形。主要殿堂有80多个附属建筑物。如果人们把3.2万这个数作为根据来估计一下，仅这80个建筑物所使用的玄武岩柱的数量就是40

万块，与其说是太多，不如说是太少。再精密地计算一下，就会发现那些解释是极其荒谬的。其荒谬处如下：

在时间上，当南马特尔的建筑物出现之时，所有研究者都证实，当时波纳佩岛上只有少量居民。在岛北岸取石的工作是繁重、费事艰辛和旷日持久的。如果穿越丛林运送加工好的石块需要一大群身强力壮的男子汉，再把这些大石块捆绑到独木舟下面，装卸工的数量也是可观的。岛上一定数量的居民，还得收获椰子、捕鱼和操心一日三餐。如果每日把4吨或更多吨重的玄武岩大柱运抵南马特尔的南岸，那么即使以现有的“技术”能力，它大概也是一项巨大的值得钦佩的成就。鉴于那时无论如何还没有工会，设想一下：365天日日都干活，天天卖苦力，那么每年要把1460块玄武岩大石块运到南马特尔岛，需要296年，也仅仅是把材料运至建筑现场。

有人性的生物任何时候都不会愚蠢到这种地步：他们要毫无道理地去经受这样的折磨。如果在波纳佩岛北岸已经有玄武岩采石场，那么为什么人们不就在主岛上修建起这一建筑物呢？人们为什么要在一个远离采石场的小岛上修建它呢？

难道就没有令人信服的解释？

南马特尔并非是座“漂亮”的城市，以前肯定也不是。那里没有浮雕，没有雕塑，没有塑像或者压根儿就没有原材料。那是一个使人战栗、叫人难以接受的建筑风格。把玄武岩块僵硬、原始、让人感到害怕地层叠堆积起来，这种建筑很令人惊奇，因为南太平洋的海岛居民始终以夸张方式用花纹图案装饰他们的宫殿或要塞。宫殿和要塞据说是国王朝贺或天神决定和解的场所。而南马特尔的斯巴达克式的大墙工程排除了这种可能。难道它是一个防御工事？那些平台（它使登上建筑物变得容易）证明用于这个目的是荒谬的：到底什么时候把这样一种机会提供给敌人使用呢?

为了给“南马特尔遗迹”之谜做出合理的解释，我们再回到复活节岛上，以复活节岛的情况去推测南马特尔的情况。

几乎全球各地自古就有大洪水的传说，岛屿土著世代相传着大洪水的故事。以复活节岛为例，岛上土著世代口述相传，指出当地以前本来是块名叫希瓦的大陆（也就是人们常说的沉没的太平洲），后来被大洪水淹没，大部分地区都淹没在太平洋海底，只有复活节岛、波纳佩岛、夏威夷岛等诸岛——这些当年的高山险峰尚突出于海平面。而夏威夷岛希腊语的发音和希瓦极为相似。太平洋岛国斐济的首都就叫希瓦。

泰蒙岛

与复活节岛遥隔万里的新西兰土著也把他们祖先的土地称作希瓦。传说，他们的祖先来自新西兰东方的希瓦土地，后来因为陆地淹没，才逃到现在的新西兰。

从全球地质化石等许多资料来看，在地球的旱季里，海水大踏步地退缩，太平洋诸岛都成了希瓦大陆的高山，富饶美丽的希瓦大陆孕育出了高度的文明——今天被称之为太平洲的文明。这样要建成南马特尔巨石城、海底巨石城、复活节岛巨石人像群和诸岛巨石建筑的人力、物力、技术力量都是具备的。

后来洪水淹没了希瓦大陆，幸存者不得不逃往大洋洲和太平洋的孤岛——昔日的山峰上。

从南马特尔古城可以看出，它建有一道巨大的防洪墙，它与复活节岛上的巨大石墙（后来被巨大的海洪摧毁了许多）是大洪水季节开始时，希瓦大陆的统治者们作为防洪用的。他们建造巨大的石像群，是作为复活节岛淹没时在海洋上的标志，同时还可立足其上作为暂时求援之用，这种海洪时退时淹的现象在复活节岛上持续了若干年。

由于后来洪水飞涨，许多地方都成孤岛，人力分散、剧减，许多物质被淹没，因而太平洲人不得不停下他们的巨大建设工程，所以复活节岛还静躺着300多个规模更大的未完工的巨石像和波纳佩岛采石场留下的许多刚开采正准备使用的石块。

在山顶建城要比在山下费力得多，所以希瓦大陆最豪华的宫殿城市是在山下，即被淹没在现在的太平洋海底，如南马特尔的水下城。距南马特尔古城不远的海底还有一处淹没的古城。1939年，潜水人员在附近海底发现保存得相当完整的街道、石柱、石像和住处。他们还从当地海底捞出十分珍贵的黄金与珠宝饰物，可见史前希瓦（太平洲）大陆人的科学技术已经非常发达。

消失的神秘玛雅王陵

为了更加了解玛雅文化，数度“进出”中美洲各国，迷雾追踪、遍寻玛雅遗迹的日本考古队，终于在丛林里找到了失落的古文明——哥邦（音译）国王陵寝。

由神奈川大学日本常民文化研究所研究员中村诚一等人组成的日本考古队，于距离洪都拉斯西部的玛雅文明哥邦遗迹保护区不远的西侧地区，一处崩毁的小神殿的地下石室内，赫然发现一具人类的骨骸，以及翡翠胸饰和雕刻线条精美的土器。

这些曾被湮没于历史洪流里的玛雅文明古物，出土后依然色泽亮丽，令人有一种时空倒错的感觉。出土的四角柱状翡翠胸饰呈淡青色，长达24厘米，宽度有2.7厘米，厚度约2.5厘米，这个翡翠胸饰的表面还刻有一个造型非常漂亮的“战争之主(与中文的战神意思相近)”的人像，以显示翡翠胸饰的主人在当年是一位拥有政治实权的大人物。

玛雅文明古物

这些出土的

神秘的玛雅王陵

人类骨骸及玛雅文明古物，经过洪都拉斯政府与欧美考古权威近2个月的考证后，推定中村诚一等人这次所挖掘出土的宝物，是属于公元5世纪前半至公元9世纪前半期间，玛雅文明鼎盛时期的16位哥邦王朝国王中，其中一位国王的陪葬品；也就是说，日本考古队终于找到了哥邦国王的陵寝。

此外，据了解，虽然玛雅的象形文字所代表的意义至今还是个难解的谜，但迄今已有3位哥邦国王的陵寝和贵重的古物相继出土。因此，在这项利多因素的激励、促使下，日本考古学界预估，未来还将有更多的日本学者专家会一头栽进这个迷人的玛雅文明里。

世界第八奇观——石冢

已经有数千年历史的、中间有一个小圆洞的高加索石冢是世界的第八大奇观。它们被称做巨人建的小石屋、外星人的天文台，甚至是落到地面上的不明飞行物。多年来，这些石冢一直是科学界争论不休的话题，也渐渐地成了人们朝圣的地方。

沿着陡峭的山路步行一个半小时，眼前就会呈现一片奇特的景象。蔚蓝色的天空，茂盛的阿尔卑斯山植物，郁郁葱葱的灌木围成了天然的篱笆。从这里可以望见奇特的小石屋。这一切使人感到，仿佛在这片荒无人烟的地方还有人气。

这是一个有 5000 多年历史的石冢。大约在 30 年前，这个石冢出土了两女一男的遗骨，还有一匹马和几只羊的骨架、铜和金的饰物及陶土器皿的残片。看来，在这个石冢中曾经埋葬过当地的公爵，陪葬的有他的坐骑和两个妻子。从残骸看，这两个女子是被活活关进石棺的。

科学家从来没有发现过它们遭到破坏的痕迹。奇怪的是，这种外形如儿童乐园中小屋的石冢居然能经得起风暴的袭击。

石冢的主要建材是石英和含石英的岩石。这种材料能够在受压时产生电流并且能够经受住不停的振动。生物学副博士、莫斯科国立大学教授亚·孔德拉多夫认为，石冢能够产生与次声波相近的低频振动。众所周知，次声波对人是有危害的，长时间作用会引发癫痫病，这恰恰可以防止石冢被盗。不过看来，石冢的用途并不限于此。俄罗斯自然科学院院士、技术学副博士格·叶廖明说，屋顶式石冢的倾斜度为94.4度，圆洞的直径均为40厘米，如此严谨的构造绝非偶然。他认为，石冢可以产生频率约为23赫的定向超声波，而圆洞盖犹如现代技术中聚焦超声波束用的辐射器。石冢一般都建在山口等战略要地，可以用做军用激光器。也许，古人正是靠这种看似渺小的石屋抵挡住了来犯的敌人。

石冢

技术学博士、俄罗斯工程科学院院士瓦·布尔达科夫说，石冢像埃及和墨西哥的金字塔一样，是史前巨石的一个组成部分。也许这就是负责承传宇宙文明发展信息的石头导体。

如果果真如此，就会产生一个问题：谁能造出如此复杂的建筑物呢？难道祖先比我们还聪明？

物理数学副博士、莫斯科国立大学教授瓦·皮缅诺夫说，当年住在这些地方的阿第盖族连自己的文字都没有。流传最广的说法是，这些石冢出自把生命从宇宙的深处带到地球上的人类始祖之手。可惜，科学界现在既不能肯定也不能否定这一推测。

黄帝陵陨石之谜

黄帝陵桥山附近惊现一巨大陨石。有学者称，这块陨石的发现，对破解中华民族始祖轩辕黄帝去世之谜和揭示中华五千年文明史的准确起始时间有重要意义。

这块巨大的“天外来客”，陨落在与黄帝陵桥山隔河相望的黄帝黄城南宫的印台山上。印台山因相传是黄帝存放玉玺的地方而得名。多年来，这座黄土深厚的台状土山，东坡和西坡多是滑坡，公路中基变形，民居地基裂缝，地质灾害时有发生。现在发现的半掩于印台山顶的巨大陨石，很可能就是这些地质灾害的最初原因。这块陨石地表露出面长82厘米，厚21厘米，呈磨盘状插入黄土之中。陨石表面凸凹不平，石质结构复杂，圆形坑多，样片泛紫光，有烧焦痕迹。陕西省194煤田地质勘探队有关专家最初认定这是块巨型陨石。

史料载，黄帝在位“一百年，地裂，黄陟（zhì，崩）”，“帝以土德王，应地裂而陟”（《竹书纪年》），黄陵民间也有“九龙分黄城”的传说故事流传。其“地裂”与“分黄城”的直接原因，最大可能就是这个“天外来客”。因而，“黄帝陵陨石”的发现者之一、研究黄帝文化之久的研究者李延军提出，中华民族始祖轩辕黄帝“应地裂”逝世的谜团和中华五千年文明史的准确起始时间，很可能由对这块陨石的化验和测定而得到解开和揭示。

汉阳陵“罗经石”之谜

经过近年来坚持不懈的勘探和发掘，考古专家认为，曾被测绘部门确定为世界上年代最早的测量标石——汉阳陵的“罗经石”，不单单是一块建筑用的测量标石，更应是一处大型礼制性建筑的重要构件。

所谓“罗经石”，是指一块汉阳陵陵园内露出地表的青色规整巨石。它位于帝陵的东南角 450 米处，经测量，其近似正方形的底座，每边长约 1.8 米，而底座之上，是一个与底座连体的圆形平面，直径为 1.4 米。这个圆形平面与水平面有一定斜度，其上刻有南北向和东西向垂直相交的两条凹槽线。

由于这一巨石年代久远及其型制特殊，测绘专家曾对其进行过多次实地勘测。根据其两条线所指的方向与现在国际通行的经纬线所示方向相差不过 0.1 度，专家认为它是为建筑汉阳陵而修的测量标石，并依据中国古代的定位仪器之一——罗盘和现在国际通用的经纬线定位法，分别选取两者

汉阳陵文物

的第一个字“罗”和“经”，组成“罗经”一词以命名此石，即人们现在常说的“罗经石”。

但是，随着汉阳陵考古勘探、发掘工作的不断深入，考古专家对“罗经石”的真实用途产生疑惑，但最终以翔实的考古学资料证明：“罗经石”遗址是汉阳陵陵园内的一处大型礼制性建筑。

据考古队队长焦南峰介绍，从“罗经石”周围所做的勘测与局部试掘得知，其周围存在面积达 7 公顷的内外两处建筑遗迹皆为正方形。在内层建筑的四角皆有柱础石，其四边边长都是 53.7 米，每边各有三个门，整个建筑周围环以散水石。

外层建筑的四边边长都是 260 米，每边各有一个长达 90 米的大门。其周围环以散水石，而散水石之外留存有铺地砖和柱础石遗迹，证明此地原来还有宽约 10 余米的回廊。同时，在回廊之外，又发现一条环绕整个建筑的大壕沟。

此外，遗址内还出土了“千秋万岁”、“与天无极”等有字瓦当和各种支纹瓦当，以及玉璧、玉圭等各类祭祀用的玉器。

虽然确定了“罗经石”遗址是一处规模宏大的高级礼制性建筑，但是，专家们对其是何种礼制性建筑目前还没有统一的看法。一种观点认为是“社”，因为作为祭祀性建筑的“社”，如同北京的社坛，其周围没有承重墙，而且，作为一种“明”的建筑，这块巨石——“罗经石”并不重要，重要的是它上面的建筑，但其上面的建筑现在尚不清楚。

另一种观点则认为，文献上没有汉代陵园有“社”的记载，而“罗经石”遗址的平面建筑型制与汉长安城的祭祀性建筑明堂和辟雍十分相似，但其性质尚待进一步的证实。同时，也有的专家则认为它很可能是汉阳陵陵庙——德阳庙的建筑物之一。

参考文献

[1]玛雅.人类神秘现象大全[M]. 北京：三辰影库音像出版社，2008.

[2]吴苏林.人类未解之谜全记录[M]. 北京：中央民族大学出版社，2008.

[3]李津.五千年中外名人之谜全集[M]. 北京：三辰影库音像出版社，2008.

[4]李津.世界五千年未解之谜全集Ⅲ[M]. 北京：中国长安出版社，2006.

[5]李津.中国五千年地理之谜全集[M]. 北京：中国长安出版社，2006.

[6]李津.中国五千年历史之谜全集[M]. 北京：中国长安出版社，2006.

[7]李阳.史前巨兽之谜[M]. 呼和浩特：内蒙古人民出版社，2008.

[8]欧阳家悦.人类宝藏未解之谜[M]. 南昌：百花洲文艺出版社，2004.

[9]王长安.中国历史名人悬案全破译[M]. 北京：中国戏剧出版社，2003.

[10]刘乐土.世界大通史未解悬案全搜索[M]. 北京：中国戏剧出版社，2003.

声　　明

联系邮箱：bjcpbook@sohu.com